Claus Walter

Fremdenergien

Wie Sie negative energetische Einflüsse erkennen und wirksam auflösen

Haben Sie Fragen an Claus Walter?
Anregungen zum Buch?
Erfahrungen, die Sie mit anderen teilen möchten?

Nutzen Sie unser Internetforum:
www.mankau-verlag.de/forum

mankau

Bibliografische Information der Deutschen Nationalbibliothek
Die Deutsche Nationalbibliothek verzeichnet diese Publikation in der Deutschen Nationalbibliografie; detaillierte bibliografische Daten sind im Internet über http://dnb.d-nb.de abrufbar.

Claus Walter
Fremdenergien
Wie Sie negative energetische Einflüsse
erkennen und wirksam auflösen
ISBN 978-3-86374-505-9
1. Auflage April 2019

Mankau Verlag GmbH
D-82418 Murnau a. Staffelsee
Im Netz: www.mankau-verlag.de
Internetforum: www.mankau-verlag.de/forum

Lektorat: Martin Stiefenhofer, Nürnberg
Endkorrektorat: Susanne Langer-Joffroy M. A., Germering
Umschlag: Andrea Barth, Guter Punkt GmbH & Co. KG, München
Satz und Gestaltung: Lydia Kühn, Aix-en-Provence, Frankreich
Energ. Beratung: Gerhard Albustin, Raum & Form, Winhöring

JCL

Druck: Druckerei C. H. Beck, Nördlingen

FSC
www.fsc.org
MIX
Papier aus verantwortungsvollen Quellen
FSC® C019821

Inhalt

Kapitel 4: Die Fremdenergien = fremde Energien 52

Kapitel 5: Fallbeispiele aus dem Coaching 68

Vorwort

Liebe Leserin, lieber Leser,
in Erweiterung und Ergänzung der Methode und des Buchs **Herz-Resonanz-Coaching** befasste ich mich zusätzlich mit negativen energetischen Einflüssen auf den Menschen, die wir hier im Buch vereinfacht als **Fremdenergien** bezeichnen. Damit sind Phänomene gemeint, die Menschen aus unerklärlichen Gründen wiederholt begegnen und ihnen unbekannt, ungewöhnlich oder nicht vertraut erscheinen – die nicht zu ihrem »Wesenskern« gehören. Dank intensiver Forschung und Erkenntnissen aus meiner täglichen Coaching-Arbeit konnte ich die Ursachen für diese zum Teil ungewöhnlichen Geschehnisse mittels Resonanz-Prinzip herausfinden.

Die Hauptursachen sind:
1. Uralte, heute nicht mehr bekannte oder bewusste Programme, Muster, Handlungen, Gefühle, Gedanken etc., sprich: all das, was alles einmal gesagt, gedacht, gefühlt oder getan wurde. So wurde in früheren Zeiten vieles in Form von Gelübden, Gelöbnissen, Schwüren, Eiden oder Verurteilungen **auf immer und ewig** ausgesprochen. Sätze wie: »Auf immer und ewig sollst du verflucht oder verdammt sein« zeigen das auf. Solche Aussagen haben große Wirkkraft. Weil sie auf immer und ewig ausgesprochen wurden, können sie bis heute wirken. Aus den quantenphysischen und energetischen Forschungen wissen wir, dass Informationen als Energie erhalten bleiben. Wenn eine Person nun im täglichen Leben immer wieder mit für sie unerklärlichen Begebenheiten konfrontiert wird, kann es sich dabei um solche Energien handeln, deren Quellen weit zurückliegen. Stellt eine Person entsprechende

Phänomene bei sich fest, sollten diese Energien gelöscht bzw. neutralisiert werden. Den Schlüssel dazu biete ich in diesem Buch an.

2. Starke negative Energien oder Wesenheiten und deren Wirkungen. Diese fremden Energien haben einen entscheidenden Einfluss auf unsere Gedanken, Gefühle und Handlungen. Sie haben sich in unserem Herz-Resonanz-Feld oder in uns »eingenistet« oder angehaftet.

Über die fünf Naturgesetze (→ Seite 28ff.) ist bekannt, dass solche Informationen wirken, solange sie noch im Menschen gespeichert sind und vom Herz-Magneten über das Gesetz der Resonanz angezogen werden. Es gilt hierbei: **Gleiches zieht Gleiches an**. Alles, was in unserem »Informationsfeld Mensch« als Information in den Zellerinnerungen im physischen und im energetischen Körper gespeichert ist, zieht unser Herz-Magnet an. Dies geschieht unbewusst, ob wir es nun wollen oder nicht.

Die von mir entwickelte Neutralisierungsarbeit »Fremdenergien« nutzt das Resonanz-Prinzip zur Bewusstmachung von undefinierbaren, mysteriös erscheinenden Einflussgrößen. Mit diesem Buch erhalten Sie wichtiges Hintergrundwissen und ein Neutralisierungsinstrumentarium an die Hand, das Sie einfach anwenden können. Dazu erfahren Sie mehr über Energieblockaden und Ursachen von Körpersymptomen, die die Vitalität eines Menschen beeinflussen.

Kopf, Herz und Bauch sind für ein gesundes Leben stets als Einheit zu betrachten. Ich empfehle daher, parallel zur Neutralisierungsarbeit immer auch eine energetische Körperarbeit durch Spezialisten oder die von mir entwickelte Energieflussarbeit durchzuführen. Dies ist wichtig, weil freie

Energieflüsse im Menschen, ein offener Herzbereich einschließlich einer starken Erdung Grundvoraussetzungen sind für eine erfolgreiche Lebensführung.

Liebe Leserin, lieber Leser, ich freue mich, Ihnen meine Erkenntnisse auf den folgenden Seiten näherzubringen, damit Sie selbst erkennen können, was mit und bei Ihnen wirklich geschieht.

Viel Herzenskraft wünscht Ihnen
Ihr

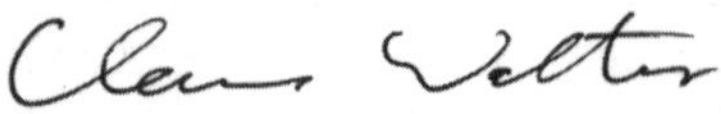

Claus Walter, April 2019

Geleitwort

Liebe Leserin, lieber Leser,
das Buch, das Sie in Ihren Händen halten, ist ein wahrer Schatz, denn Neutralisierungsarbeit ist der grundlegende Ausgangspunkt für ein ganzheitlich gesundes und erfolgreiches Leben. Im Alltag ist es häufig so, dass wir die negativen Einflüsse von Fremdenergien ausblenden, weil wir die Zusammenhänge von karmischen Belastungen und Gesundheit nicht erkennen oder einfach, weil sie in uns Angst auslösen. Die Zusammenhänge werden aber sofort klar, wenn sich nach vollzogener Neutralisierungsarbeit Wohlbefinden und Lebensenergie drastisch verbessern. Ängste lösen sich auf, weil wir erkennen, dass all die Erfahrungen, die wir machen, wichtige Schritte auf unserem Lebensweg sind. Durch diese Lernprozesse nehmen wir die Verantwortung für das eigene Leben in die eigenen Hände.

Wir leben in einer Welt der Dualität von Gut und Böse, von Opfer und Täter, von Richtig und Falsch. Aber das ist nicht die einzige Wirklichkeit. Von einer höheren Warte betrachtet, gibt es diese Dualität nicht. Auf dieser höheren Bewusstseinsstufe wird auch die Dualität überwunden. Wir sehen unser Leben quasi aus einer Vogelperspektive und erkennen den Sinn des Ganzen. Das Leben, das wir in unseren physischen Körpern leben, ist ein großes Spielfeld der Erfahrungen. Menschen tragen viele Masken und spielen Rollen, um uns auf diese Weise wertvolle Erfahrungen zu schenken. Wichtig ist dabei, dass wir uns nicht mehr auf das Spiel von Opfer und Täter einlassen, sondern verstehen lernen und Mitgefühl zeigen. Denn wenn wir uns auf dieses Spiel einlassen, sehen wir in den »Tätern« die Bösen, die uns etwas angetan haben.

Auf diese Weise geben wir Macht und Verantwortung ab und bleiben in der Opferhaltung und in der Verbitterung. Leben jedoch muss nicht schwer sein! Leben ist als ein glückliches und vollumfänglich befriedigendes Erleben gemeint!

Wir leben in einer Zeitenwende, spüren gewaltige Veränderungen im Weltgeschehen und auch im persönlichen Leben. Dies geschieht durch eine starke Wandlungsenergie, die viele Naturwissenschaftler nun entdecken. Um diese Welle zu reiten, bedarf es von uns einer Entscheidung. Einer Entscheidung, die Verantwortung für unser Leben zu übernehmen und den alten Ballast zu transformieren. Einziges Lebenskriterium sollen nur noch Freude und Leichtigkeit sein. Alles Schwere, das noch da sein mag, darf erkannt, verstanden und losgelassen werden. Auf diese Weise werden wir wie geübte Surfer, wir reiten die Welle und nutzen sie zu unseren Gunsten.

Durch die Neutralisierungsarbeit »Fremdenergien« gehen wir auf diesem Weg große Schritte voran. Auch in meiner Tätigkeit als Coach und in meinen Seminaren und Ausbildungen in unserem Zentrum für spirituelle Entwicklung »Reinklang« sehen wir, wie Menschen mit Leichtigkeit wieder zu Kraft und Lebensfreude kommen. Durch unsere gemeinsame Arbeit mit Claus Walter schaffen wir Synergien und bieten so den Menschen unsere langjährigen Erfahrungen und Erkenntnisse mit Freude an.

Ich wünsche Ihnen durch das Lesen dieses Buchs befreiende Erkenntnisse und ein strahlendes Herz.

Von Herzen
Kurt Meier

Reinklang – Zentrum für spirituelle Entwicklung und Praxis für ganzheitliches Coaching
Halden 539 • CH-9608 Ganterschwil • www.reinklang.ch

Einleitung zum Buch

Nach einem schweren Burn-out im Jahr 2004 bin ich durch eine Vielzahl von medizinischen und therapeutischen Maßnahmen, durch Ausbildung und Selbstreflektion den Weg zurück in die Gesundheit gegangen. Diese Erfahrung veranlasste mich zu einer intensiven Erforschung verschiedener Methoden und ihrer Wirkungen. In mir wuchs der tiefe Wunsch, eine Methode zu finden, die nachhaltiger und schneller den Weg aus einer Erschöpfung weisen kann. Als Quintessenz daraus entstand das »Herz-Resonanz-Coaching (HRC)« (→ Seite 169). In sieben Jahren entwickelt, führt dieses innovative Coaching-Modell – eingebettet in einen integrativen Vitalisierungsansatz – bei Menschen mit Erschöpfung/Burn-out innerhalb weniger Monate zu einer vollständigen und anhaltenden Re-Vitalisierung. Darüber hinaus – und mindestens ebenso wichtig – stellt das »Herz-Resonanz-Coaching« eine hochwirksame Prävention dar.

Das HRC kann auch bei der Konfliktlösung zwischen Einzelpersonen wirksam sein. Etwa bei Ehe- und Partnerschaftsproblemen und anstehenden Lebensveränderungen in Verbindung mit einem privaten oder beruflichen Neustart. Ebenso gut dient es zur Visions- und Zielarbeit für ein erfülltes Leben. In Unternehmen hat sich das HRC ebenfalls als wirksame Methode zur Lösung von Konflikten in Teams, bei der Führungskräfte- und Mitarbeiterförderung im Rahmen des betrieblichen Gesundheitsmanagements und für Change- und Innovations-Management-Prozesse bewährt.

In den Jahren 2010 bis 2019 haben dank HRC fast 600 Menschen in direkten Coachings bei uns ihre vollständige Gesundheit wiedererlangt.

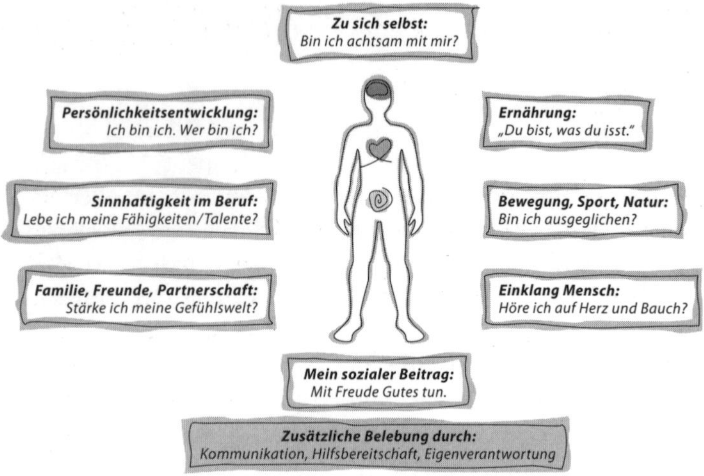

Grafik 1: Verschiedene Faktoren unseres täglichen Lebens und unseres Umfelds beeinflussen unsere Vitalität.

Im August 2013 wurde die Methode mit einem Preis für innovative Dienstleistungen des Schweizerischen KMU-Verbands, Idee Suisse, Start-Up und der Messe Emex ausgezeichnet. Dieser Erfolg ist eine große Motivation für mein Team und mich, den eingeschlagenen Weg weiterzugehen und unser Wissen in leicht umsetzbarer Form an möglichst viele Menschen weiterzugeben.

»Wer anderen etwas vorgedacht,
wird jahrelang erst ausgelacht.
Begreift man die Entdeckung endlich,
so nennt sie jeder selbstverständlich.«
Wilhelm Busch

Warum habe ich dieses Buch geschrieben?

In meiner praktischen Coaching-Arbeit fiel mir auf, dass bei vielen Kunden ähnliche, zunächst völlig unerklärliche Phänomene auftraten: Es kam zur plötzlichen Ablehnung der Methodik oder bereits neutralisierte Themen tauchten nach wenigen Wochen wieder auf. So verloren die Kunden ihren Glauben an eine Re-Vitalisierung.

Für mich sind solche Phänomene stets Anlass, weiterzuforschen und der Sache auf den Grund zu gehen. Mit dem Wissen um das Resonanz-Prinzip (→ Seite 29f.) beleuchtete ich die Aussagen meiner Kunden und verglich ihre Gefühle und Erlebnisse, die sie beschrieben. Vieles davon passte nicht zur gewohnten Wesensart der Personen und stimmte nicht mit ihrer persönlichen Einstellung überein. Sie sagten: »Es handelt aus mir heraus, obwohl ich das gar nicht will«, oder: »Ich werde angegriffen (bloßgestellt, unterdrückt, nicht ernst genommen, abgelehnt oder benachteiligt), obwohl ich im Innern doch ein herzensguter Mensch bin.«

Bei der Ursachensuche anhand der Lebenslandkarte (→ Seite 151ff.) konnten wir einige dieser Themen ausfindig machen. Viele Fälle jedoch hinterließen auch bei mir ein großes Fragezeichen. Ich war schlichtweg ratlos.

In einem zweijährigen Forschungs- und Entwicklungsprozess und in praktischer Arbeit mit vielen Kunden, Therapeuten und Spezialisten entstand dabei ein »Befreiungsprozess«. Unter anderem beinhalteten meine Nachforschungen Auswertungen von historischen Erkenntnissen über energetische Körperarbeiten und die Wirkung von Fremdenergien, verfasst von Ärzten und Therapeuten. Ich erkannte, dass vor der Neutralisierung von Weitergaben früherer Generationen oder Ahnenreihen noch andere wichtige Themen liegen, die zuerst neutralisiert werden müssen. So ergaben sich als Quintessenz für die Bereinigung des eigenen Wesenskerns vier »Blöcke« (→ Grafik 2), die – miteinander verflochten – in den Menschen wirken.

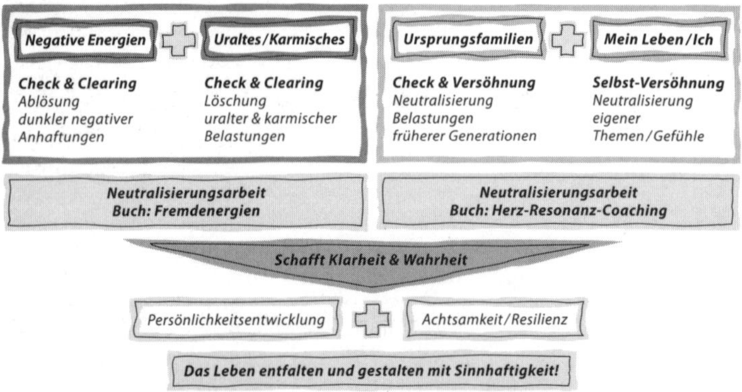

Grafik 2: Die Neutralisierung aller Verstrickungen von Anhaftungen negativer Energien, von uralten karmischen Themen sowie Weitergaben von früheren Generationen ermöglicht erst eine freie Persönlichkeitsentwicklung.

In der Folge entwickelte ich eine neue Neutralisierungsarbeit »Fremdenergien«, deren Ziel die Ablösung von fremdenergetischen Einflüssen ist. Der Erfolg war erstaunlich. Damit war ein Schlüssel gefunden worden und wurde gleichzeitig ein Prozess beschrieben, um mit sich selbst nachhaltig ins Reine zu kommen (→ Grafiken 2 und 3).

Die Auflösungsarbeiten aus meinem ersten Buch »Herz-Resonanz-Coaching« (→ Seite 169) fließen dabei mit ein und es ergibt sich eine zeitlich-logische Abfolge mit klaren Neutralisierungs-Aufgaben.

Danach steht der eigenen Persönlichkeitsentwicklung nichts mehr im Weg (→ Grafik 3). Die gewonnenen Erkenntnisse und die neue Lebensfreude meiner Kunden, die von diesem Vorgehen profitierten, waren auch der Startschuss für dieses Buch.

Grafik 3: Der Neutralisierungsprozess im Herz-Resonanz-Coaching in Einzelschritten für jede Person.

Was kann und will dieses Buch?

Unser Herz und sein Resonanz-Feld haben unmittelbaren Einfluss auf unsere körperliche und emotionale Gesundheit. Diese Zusammenhänge sind wissenschaftlich erforscht und mehrfach bestätigt worden (→ Seite 28ff.).

In diesem Buch erläutere ich Ihnen kurz die Herz-Resonanz, das Gesetz der Resonanz und deren Wirkungsweisen. Sie erfahren, wie sich über die Neutralisierung des Herz-Resonanz-Feldes auch das Unerklärliche, das Sie in Ihrem Leben erlebt haben, neutralisieren lässt. Außerdem zeige ich Ihnen die Gesamtzusammenhänge der für alle Lebewesen relevanten fünf Naturgesetze auf (→ Grafik 6, Seite 28).

Innerhalb eines integrativen Vitalisierungsprozesses setze ich im persönlichen Coaching zusätzliche Elemente wie die Psychosomatik (Sprache des Körpers, Ursachenerklärung für Körpersymptome) sowie die von mir entwickelte Körperarbeit (Energiefluss-Methode) ein, was die Ablösung der Fremdenergien erleichtert und die Transformation von Zellerinnerungen auf Zellebene vereinfacht.

Damit erhalten Sie einen fundierten umfassenden Einblick in die grundsätzlichen wichtigsten Themen, die zuerst neutralisiert und abgelöst sein sollten, damit Sie Ihre Persönlichkeitsentwicklung freien Herzens starten können. Lernen Sie, Ihr Herz wie einen Kompass zu nutzen und vor allem Ihrer eigenen Energie zu vertrauen.

Bei schweren psychischen oder körperlichen Erkrankungen empfehle ich unbedingt die Begleitung durch einen Arzt, Therapeuten oder ausgebildeten Coach. Das HRC und die integrative Vitalisierung verstehen sich als begleitende Maßnahme bei der Aufarbeitung einer Erschöpfung bzw. eines Burn-outs.

Jeder von uns ist durch die eigene Willenskraft und sein aktives Tun (Selbstermächtigung) in der Lage, die Selbstheilungskräfte des Körpers zu aktivieren. Ihre Gesundheit liegt in Ihrer persönlichen Verantwortung. Ärzte, Therapeuten, Coaches oder Medikamente können Sie nur unterstützen und begleiten. Die eigentliche Entscheidung zur Vitalität und Gesundheit liegt bei und in Ihnen selbst.

Für wen ist dieses Buch geeignet?

Grundsätzlich dient dieses Buch als Unterstützung, um die Ursachen für fremde Energien sowie fremdenergetische Einflüsse in Ihrem Leben erkennen und die daraus entstehenden belastenden körperlichen und emotionalen Reaktionen verstehen, ablösen und neutralisieren zu können. Das Buch ist geeignet für Menschen, die einen Weg aus den damit zusammenhängenden Erschöpfungszuständen gehen und mit der Vergangenheit ins Reine kommen wollen. Gleichzeitig ermöglicht es, sich bisher noch nicht erkannte Blockaden bewusst zu machen, um notwendige Lebensveränderungen zur Erfüllung lang gehegter Herzenswünsche vorzunehmen.

Die Neutralisierung negativ behafteter Fremdenergien innerhalb des Herz-Resonanz-Feldes ist eine richtungsweisende Führung, mit der auch Sie, liebe Leserin und lieber Leser, Ihre gewünschte Lebensqualität selbst wiederherstellen und dauerhaft erhalten können.

Kapitel 1: Einführung und Zusammenhänge

Sie fragen sich des Öfteren:

- Jetzt hatte ich schon wieder ein seltsames Erlebnis – warum passiert so etwas immer nur mir?
- Warum läuft es bei mir immer wieder gleich (schlecht), obwohl ich es doch ganz anders wollte?
- Warum nehmen mich die Leute ganz anders wahr, als ich wirklich bin?

Sie befinden sich also wiederkehrend in ähnlicher Situation und haben keine Erklärung dafür. Sie sagen sich selbst: »Das ist ja wie verhext, jetzt passiert mir das schon wieder.« Oder manchmal haben Sie vielleicht eine Art Gefühl wie: »Ich glaube, auf mir liegt ein Fluch!« Oder: »Da scheint ein Zauber oder etwas Schweres auf unserer Familie und mir zu liegen.« Sie bemerken, wie sich mit zunehmendem Alter solche Erlebnisse in immer kürzerer Folge wiederholen und Ihre Ratlosigkeit zu Verzweiflung, Resignation oder Frustration führt. Viele Menschen suchen dann Hilfe in psychologischen Beratungen, Familienaufstellungen und den unterschiedlichsten Therapieformen, kommen aber nicht an die eigentlichen Ursachen heran. Was folgt, ist ein Leben, das in einen Kontroll- und Schutzmechanismus eingepfercht ist.

Was sind Fremdenergien?

Zu Fremdenergien zählen wir – vereinfacht gesagt – all das, was nicht in unserer eigenen Natur liegt bzw. nichts mit unserem eigenen Wesenskern zu tun hat oder diesem entspricht. Fremdenergien sind fremde Energien wie z.B. negative Muster, Belastungen, Programme, Verhaltensweisen, Gedanken, Gefühle, die

- uns unbekannt, ungewöhnlich, nicht vertraut sind,
- im Ursprung jemand anderem gehören, nicht die eigene Person betreffen, jedoch in der Folge uns und unseren eigenen Wesenskern negativ beeinflussen.

Diese Fremdenergien können von fremdenergetischen Belastungen, starken dunklen Wesenheiten, von früheren Generationen, Vorleben oder aus Wirkungen von Verzauberung, Verhexungen, Flüchen oder Gelübden stammen. Sie wurden an unser Unterbewusstsein weitergegeben oder haben sich dort eingenistet. Am einfachsten zeigt die nachfolgende Grafik »Wesenskern« die Arten der Einflüsse (außen vor dem grauen Feld) mit deren Wirkungen auf den Wesenskern (innen mit Pfeilen) auf.

Betrachten wir den Menschen heute, so ist er ein Mosaikbild der Vergangenheit. Dieses Mosaikbild setzt sich aus vielen »Mosaiksteinchen« (= Wesenskernanteilen) zusammen. Das Mosaikbild, das sich heute ergibt, ist somit die Summe aus vielen Vorleben unseres Wesenskerns, unserer Ahnen oder Ursprungsfamilien.

Sind dort negative Dinge, Schocks, Traumata geschehen, sind diese sowohl auf Zellebene im Körper (Zellerinnerungen in Organen, Faszien) oder in den unmittelbar über dem Körper liegenden Aura-Schichten gespeichert. Wenn nun ein We-

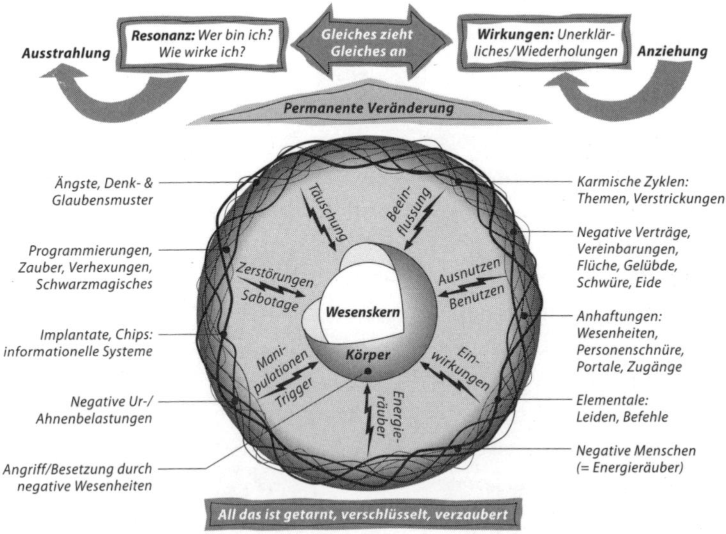

Grafik 4: Der Wesenskern des Menschen wird durch verschiedene fremde Energien belastet.

senskernanteil Negatives erlebt und energetisch mitgenommen hat, wirkt dies heute noch in und aus dem Menschen heraus. Wenn dieser z.B. drei Wesenskernanteile mit negativen Belastungen (siehe dunkelgraue Punkte in Grafik 5, → Seite 24) in sich hat, dann zieht sein Herz-Resonanz-Feld heute noch solche negativen Belastungen an (Gesetz der Resonanz bzw. Gesetz der Anziehung, → Seite 29f.). Ob die Person will oder nicht – das passiert einfach, solange diese Themen nicht gelöscht bzw. neutralisiert sind.

Der Mensch wird durch diese Belastungen und durch Körpersymptome – also die Sprache des Körpers über die Psychosomatik (Dysbalancen, Störungen auf Zellebene) – darauf hingewiesen, dass etwas aus der Vergangenheit noch nicht versöhnt, vergeben oder neutralisiert ist.

Vereinfacht lässt sich das am Beispiel eines Apfelkorbs erklären. Wenn sich in einem gefüllten Apfelkorb drei schlechte Äpfel befinden, haben diese drei einen negativen Einfluss auf den ganzen Korb. Erst wenn die schlechten oder faulen Äpfel aussortiert wurden, kann sichergestellt werden, dass der Apfelkorb als Langzeitlagerort dienen kann.

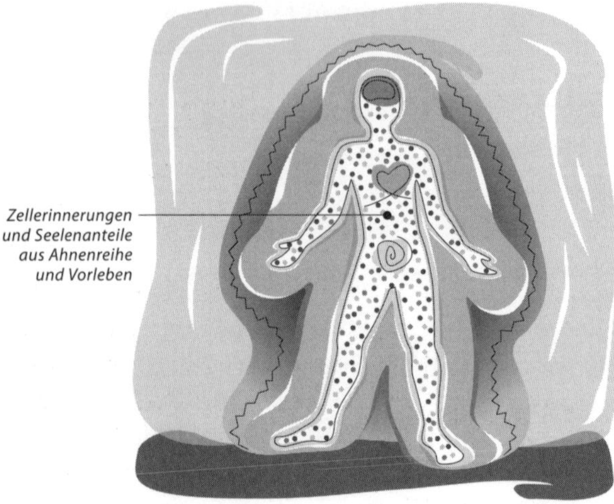

Grafik 5: Einzelne Mosaikbausteinchen (Wesenskernanteile) bilden das heutige Mosaikbild Mensch.

Auf der Basis des Mosaikbildes erkläre ich detailliert in Kapitel 3 (→ Seite 41), wie Sie den Menschen neu als Informationsfeld (→ Grafik 12, Seite 42) sehen können. Dort beschreibe ich, wie Fremdenergien über die Herz-Resonanz nach außen (Ausstrahlung) und auch gleichzeitig nach innen auf unseren eigenen physischen und energetischen Körper (Anziehung) wirken.

Wir gehen in diesem Buch speziell auf die Themenblöcke Uraltes, Karmisches und dunkle Energien ein. Wie bereits beschrieben, sollten anhaftende dunkle Energien und dunkle Wesenheiten abgelöst und die uralten, karmischen Themen und Programme gelöscht werden. Danach kann die Neutralisierungs- und Versöhnungsarbeit mit unseren früheren Ursprungsfamilien und mit uns selbst beginnen (→ Grafiken 2 und 3, Seiten 16 und 17).

Welche Ursachen haben Fremdenergien?

Die Ursachen für solche Erlebnisse lassen sich mit dem Gesetz der Resonanz erklären. Demnach ziehen wir Dinge, Themen und Erlebnisse in unser Leben, die oftmals nichts mit uns selbst zu tun haben, auch wenn dies zunächst so scheinen mag. Viele unerlöste Themen aus der Vergangenheit, von früheren Generationen oder aus noch weiter zurückliegenden Zeiten wurden mit der Wirkung **auf immer und ewig** ausgesprochen. Dies waren u. a. diverse Schwüre, Eide, Ächtungen, Gelübde, Pakte, alte Verträge, Schulden, Verschuldungen oder eine Verdammnis. Sie gingen oft mit einer **Verurteilung, Ablehnung, Bevorzugung, Benachteiligung** oder **Verstoßung** einher. Es wurde somit eine gewisse Schuld zugesprochen bzw. der Person aufgeladen und dafür musste Buße, Ablass und Sühne getan werden. Bestimmt haben Sie auch schon Sätze gehört wie **Dafür wirst du büßen** oder **Das wirst du mir büßen!** Diese Worte stammen nicht aus einem kitschigen Italo-Western, sondern wurden seitens der Kirche, des Staates oder anderer Machtinstitutionen ausgesprochen und oft auch mit Gewalt eingefordert.

Die daraus resultierende (vermeintliche oder tatsächliche) Schuld hatte immer das Gefühl und die Rolle des **Verpflichtetseins** oder **Zum-Geben-verpflichtet-Seins** zur Folge. Da dieses Verpflichtetsein auf Schuldgefühlen basierte und man gezwungen wurde, eine Strafarbeit abzuleisten, die hart und sinnlos war, verankerte sich oft das Gefühl, für ein unerreichbares Ziel verdammt oder tätig sein zu müssen.

Wenn Sie nun die Wirkung **auf immer und ewig** aus dem Resonanz-Prinzip heraus betrachten, das besagt, dass alles Erlebte, Gesagte, Gehandelte, Gedachte und Gefühlte in unserem Resonanzfeld gespeichert bleibt, erkennen wir auch den Ursprung der bis heute (immer noch) wiederkehrenden Ablehnungen, empfundenen und auferlegten Verpflichtungen sowie der Erfahrungen, ausgeschlossen zu sein. Ein Mensch kann somit daran gehindert werden, erfolgreich zu sein, weil alles, was einmal diesbezüglich ausgesprochen und erlebt wurde, ihm heute noch alles zunichte zu machen in der Lage ist. Die betroffene Person gelangt von einer Hiobsbotschaft zur nächsten und erlebt fortlaufend Skurriles und Dubioses – sie fühlt sich »wie vom Pech verfolgt«. All diese früher erfolgten und ausgesprochenen Verurteilungen, Ablehnungen und Ächtungen müssen erst durch eine **Freisprechung und Lossagung neutralisiert** werden, damit sie endgültig aufgelöst werden können.

Ein Beispiel zum besseren Verständnis: A hatte aus Rache einen Bauernhof angezündet. Zufällig wurde zur Tatzeit B in der Nähe des Brandortes gesehen. Letzterer wurde festgenommen und zu einer Gefängnisstrafe verurteilt, obwohl er seine Unschuld beteuerte. Jahre später wurde A, als er erneut ein Haus in Brand stecken wollte, auf frischer Tat ertappt. Im nachfolgenden Verhör gestand er auch, den Brand am Bauernhof gelegt zu haben. Es wurde in Folge noch ein zweiter Prozess geführt, in dem es nachträglich zur Verurteilung von A für die Brandstiftung am Bauernhof kam. Gleichzeitig wurde B aus der Haft entlassen, und es erfolgte eine **Freisprechung und Rehabilitierung** für ihn. Erst durch den erneuten Prozess und die Freisprechung konnte das ursprüngliche Urteil aufgehoben und somit die Verurteilung neutralisiert werden.

Das Beispiel zeigt, warum eine Neutralisierungsarbeit auch heute noch so wichtig ist. Auf die Hintergründe werde ich in Kapitel 5 (→ Seite 68ff.) mit Fallbeispielen weiter eingehen. Werden übertragene Themen nicht neutralisiert, bleiben sie energetisch als Information bestehen und können an nächste Generationen weitergegeben (vererbt) werden.

Viele unbeantwortete Fragen in Bezug auf den Ursprung unerklärlicher Wiederholungen und Phänomene in Ihrem Leben lassen sich heute durch die Erkenntnisse der neuen Wissenschaft der Epigenetik und der Naturwissenschaft beantworten. Was schon früher Lehrer fernöstlicher Heilkünste und Geisteswissenschaften wussten, kann nun durch die Ergebnisse der Quantenphysik, der Kohärenz und dank der Herz-Resonanz mit dem Gesetz der Anziehung bestätigt werden.

Kapitel 2: Die fünf Naturgesetze

Die fünf Naturgesetze bestehen im Grundsatz aus vier Naturgesetzen der Quantenphysik und aus dem Gesetz der Anziehung durch die Herz-Resonanz. Diese fünf Naturgesetze greifen ineinander und wirken immer und in ständiger Schwingung und Veränderung mit, z.B. im Informationsfeld Mensch (→ Kapitel 3, Seite 41ff.). Nachfolgend erkläre ich im Detail die Zusammenhänge und Wirkungen des linken und rechten Blocks von Grafik 6; beginnen werde ich mit dem rechten Block, dem Gesetz der Anziehung.

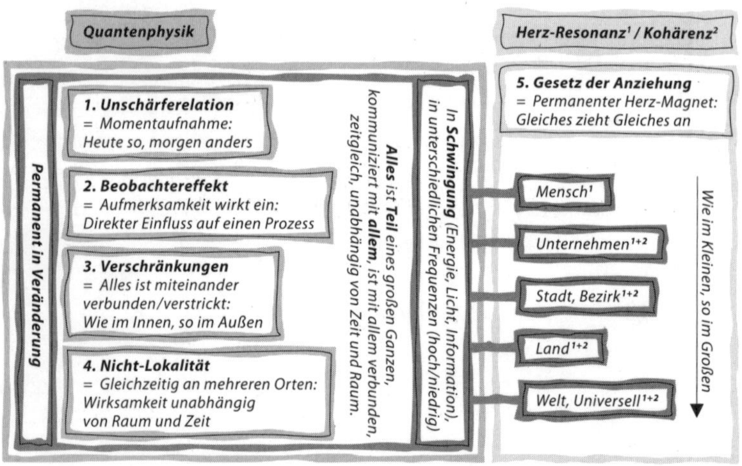

Grafik 6: Die fünf Naturgesetze, die sich aus dem Gesetz der Anziehung und den quantenphysischen Erkenntnissen zusammensetzen.

Gesetz der Resonanz oder Gesetz der Anziehung

Eines der universellen Naturgesetze ist das Gesetz der Anziehung (engl. »law of attraction«), auch Gesetz der Resonanz genannt. Demnach sind alle Menschen, Tiere, Pflanzen und die Naturelemente über Schwingung miteinander verbunden.

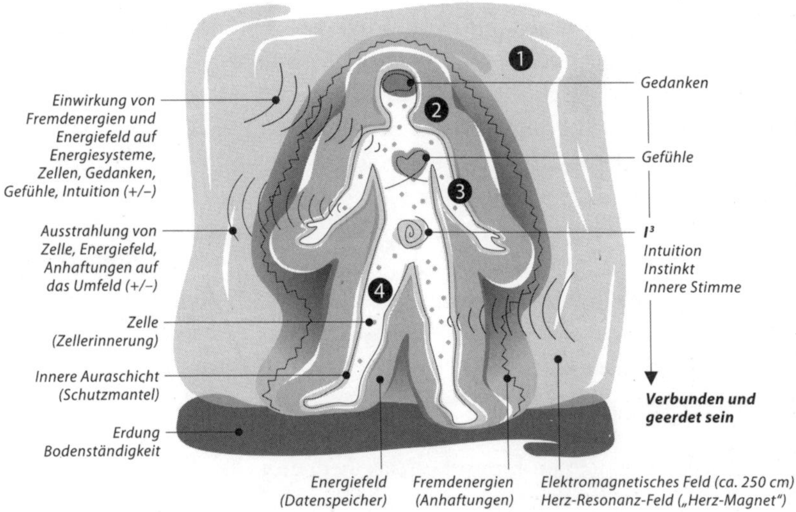

Grafik 7: Die zusammenhängenden Wirkungen von Körper, Aura, fremdenergetischen Anhaftungen mit dem Herz-Resonanz-Feld.

Innerhalb des Herz-Resonanz-Feldes eines Menschen (❶) befinden sich sein Energiefeld, vergleichbar mit einem »Computer-Datenspeicher« (❷) und die körpernächste Aura-Schicht (❸). Darin und auf Zellebene (Punkte im Körper, ❹) sind sowohl die emotionalen Themen wie positive und negative Gefühle, Ängste, Wut, Aggressionen als auch die Schockerlebnisse in Form von Informationen gespeichert. Dazu kommen die eigenen individuellen Verhaltensweisen und Überzeugungen, aber auch jene aus früheren Generationen.

Das Herz-Resonanz-Feld transformiert die im Energiefeld gespeicherten Informationen in elektrische und magnetische Wellen und übt wie ein Magnet eine entsprechende Anziehungs- und Ausstrahlungskraft aus. Vergleichbar mit einer Antenne sendet und empfängt jeder Mensch unentwegt all die gespeicherten Informationen mit dem elektromagnetischen Feld seines Herzens (Herz-Resonanz-Feld). Allerdings verhält sich das Herz-Resonanz-Feld entgegengesetzt zur bekannten Funktionsweise eines Magneten. Während sich beim »normalen« Magneten die gegensätzlichen Pole (Plus und Minus) anziehen, zieht der Herz-Magnet **Gleiches** an. Negative Schwingungen ziehen demnach **Negatives** und positive Schwingungen **Positives** an.

Die negativen Schwingungen der Herz-Resonanz empfinden wir dabei stärker als die Positiven. So bleiben auch heute noch Erlebnisse wie negative Emotionen, Ängste, Aggressionen, Schocks oder Traumata in anhaltender Erinnerung und wirken entsprechend magnetischer Störfelder für einen herkömmlichen Kompass. Das bedeutet, sie lenken einen Menschen von seiner ursprünglichen »inneren Ausrichtung« ab. Es entsteht dadurch eine positive oder eine negative Ausstrahlung eines Menschen und sein Gegenüber nimmt diese wahr.

Was ist die Herz-Resonanz bzw. der Herz-Magnet?

Das Herz-Resonanz-Feld (→ Grafik 7, Fläche ❶, Seite 29) erstreckt sich mit einem Durchmesser von rund zweieinhalb Metern rund um das Herz.

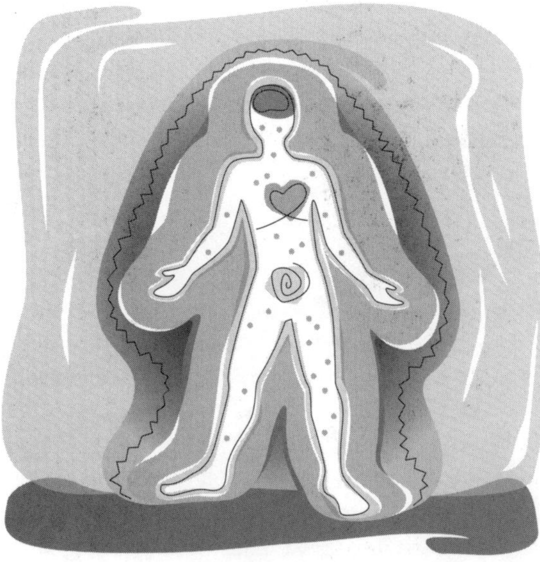

Grafik 8: Das Herz-Resonanz-Feld des Menschen. Der Herz-Magnet zieht Gleiches an.

Innerhalb des Herz-Resonanz-Feldes wirken zwei Impulse: die elektrische Kraft des Herzsignals (EKG) und sein Magnetfeld (Anziehung). Die elektrische Kraft (EKG) ist 60-mal stärker und das Magnetfeld sogar 5000-mal stärker als die entsprechenden Signale des Gehirns.

Der Herz-Magnet zieht all das an, was an Informationen in uns schwingt, ob wir es wollen oder nicht. Wenn wir beispielsweise viel Traurigkeit in uns gespeichert haben, ziehen wir Menschen an, die auch viel Trauriges erlebt haben oder in sich tragen. Je älter eine Person wird, desto stärker wird sie die gespeicherten Informationen in Form von gleichen Konflikten oder Erlebnissen anziehen. Dieser Vorgang bleibt so lange bestehen, bis die betroffene Person ihre Muster erkannt und die zugrunde liegenden Probleme neutralisiert hat. Erst dann kann der Herz-Magnet neue oder bewusst gewählte Informationen zur Realisierung von Glück und Freude aussenden und auch anziehen.

Quantenphysikalische Wirkkräfte

Um die Wirkung Ihrer Energie und Kraft als Mensch oder Führungskraft zu erklären, nutze ich die wissenschaftlichen Erkenntnisse der Quantenphysik zu Wirkungen, Wirkkräften und Wechselwirkungen. Lassen Sie mich diesen spannenden Brückenschlag machen.

Aus Sicht der Quantenphysik bekommt alles, was wir als »Materie« bezeichnen, eine völlig neue Bedeutung. Die scheinbar feste Materie, die wir als physische Erscheinung im Außen wahrnehmen, besteht im Grunde genommen aus Energie, Licht, Information und Schwingungen. Materie ist also nichts anderes als verdichtete Energie. Daraus abgeleitet, bestehen wir als Mensch auch aus Energie, Licht und Information und sind in Schwingung mit anderen Menschen, Tieren, Pflanzen, Dingen und der ganzen Umwelt verbunden.

Nehmen Sie hierfür nochmals Grafik 6 (→ Seite 28) zu Hilfe! Anhand der fünf Naturgesetze wird auf einfache Art und Weise alles verständlich. Den rechten Block zum Gesetz der Resonanz habe ich Ihnen ja bereits beschrieben. Mit dem Herz-Magneten ziehen wir unentwegt das an, was als Informationen in uns gespeichert ist. Im linken Block sind die Zusammenhänge dieser Informationen aus Sicht der Quantenphysik dargestellt; hier noch einmal im Detail erläutert:

1. Unschärferelation

Es lassen sich nie gleichzeitig alle Aspekte eines Menschen erfassen. Der Mensch ist jeden Tag anders. Beispiel: Untersuchungen eines Hausarztes oder im Krankenhaus können auch bei Nutzung von medizinischen Messgeräten niemals alle Informationen vollständig erfassen, sondern immer nur Teilaspekte des Ganzen.

2. Beobachtereffekt

Die Absicht eines Menschen, getragen von seiner inneren Grundeinstellung und seinem Bewusstseinsstand, kann ein Projekt (Aufgabenerledigung) oder z.B. eine therapeutische Behandlung sowohl positiv als auch negativ beeinflussen. Beispiel: Wenn die Führungskräfte und Mitarbeiter eines Unternehmens positiv gestimmt und lösungsorientiert in ein Meeting gehen, dann wird der Ausgang dieses Treffens in der Regel auch erfreulich sein.

3. Verschränkungen

Alles, was jemals Masse- oder Energiekontakt hatte, ist und bleibt auf ewig quantenverschränkt! Es existiert eine energetische, informative und alles miteinschließende Verbindung. Wir Menschen sind demnach alle miteinander verbunden und mit allem verschränkt. Man spürt das, wenn man besonders feinfühlig ist. Verschränkte Wesen haben eine sehr intensive und emotionale Beziehung. Beispiel: Sie denken an jemanden, und diese Person ruft in diesem Moment an. Man möchte etwas klären und findet bei seiner Recherche genau die Antwort im Internet oder in einer Zeitung. Und was der eine denkt, spricht der andere aus.

4. Nicht-Lokalität

Das Prinzip der Nicht-Lokalität besagt, dass ein Atom oder ein subatomares Teilchen nicht nur an einem Ort, sondern gleichzeitig an mehreren Orten (oder in anderen dreidimensionalen Welten, bestehend aus Länge, Breite und Höhe) vorhanden sein kann. Der Mensch ist wie jede Pflanze, jedes Tier und jede Sache auch ein Bestandteil dieser universellen Dreidimensionalität. Er ist nicht nur ein materielles, sondern auch ein emotionales und geistiges Wesen. Über die Grenzen seiner physischen Existenz hinaus befindet er sich gleichzeitig in weiteren Dimensionen und kann mit seiner Herz-Resonanz Dinge in sein Feld ziehen, die er gegenwärtig in der materiellen Welt nicht hat. Beispiel: Denken Sie an folgenden Satz in einem beruflichen Meeting: »Oh, da ist mir gerade etwas in den Sinn gekommen!« Oder: »Mensch, du bringst mich auf eine Idee!«. In so einem Fall befindet sich die Person in Resonanz (Schwingung) mit einem speziellen Thema und bezieht Wissen aus einem anderen Resonanz-Feld. Dies ist möglich, weil sie gleichzeitig – bewusst oder unbewusst – emotional und geistig in verschiedenen Dimensionen agiert.

Wechselwirkungen im persönlichen Umfeld

Alles ist mit allem verbunden, demnach tauscht jeder Mensch auf bewusster und unbewusster Ebene Informationen mit anderen Menschen aus.

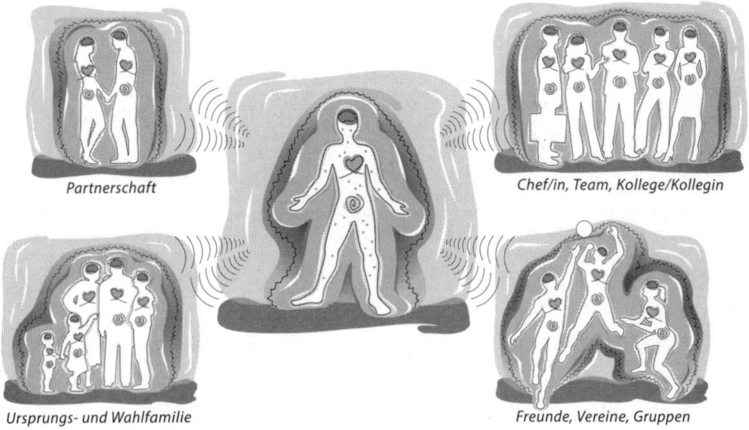

Grafik 9: Die Wechselwirkungen eines Menschen in seinem privaten und beruflichen Umfeld. Alles ist miteinander vernetzt.

Man spricht beim Menschen nicht von Verschränkungen wie bei der Quantenphysik, sondern von Verstrickungen. Wir alle sind verstrickt mit Themen, Verhaltensmustern, Verhaltensweisen, Glaubenssätzen, Erlebnissen, speziellen Arten von Personen oder Dingen. Diese können sich im Privatleben oder im beruflichen Umfeld zeigen. Nun werden Sie sicherlich an der einen oder anderen Stelle erkennen, warum bei Ihnen bestimmte Erlebnisse oder Konflikte ausgelöst wurden.

Wenn Sie diese natürlichen Grundgesetze verstanden haben und täglich anwenden, sehen Sie die Welt mit ganz anderen Augen.

Abschließend kann man zu den Naturgesetzen sagen: Alles ist Teil des großen Ganzen und kommunizierend mit allem verbunden – zeitgleich und unabhängig von Zeit und Raum. Gleichzeitig schwingen die Informationen auf unterschiedlichen Frequenzen und befinden sich in permanenter Veränderung. Der Mensch stellt somit ein sich fortwährend wandelndes Informationsfeld dar.

Projektionen, Spiegelungen und Dualität

Wie erkennen Sie, ob ein Thema, Konflikt, Muster mit Ihnen zu tun hat oder nicht? Um diese Frage zu beantworten, müssen Sie unterscheiden lernen, was Spiegelungen und was Projektionen in Ihren täglichen Begegnungen mit anderen Menschen sind.

Bei **Spiegelungen** erleben Sie immer wieder die gleiche Szene (Konflikte, Themen, Verletzungen, Situationen) oder treffen immer auf gleich geartete Menschen. In Ihnen kommen dann Gefühle wie z. B. Wut, Traurigkeit, Negativität, Aggression oder andere Emotionen hoch. Wenn Sie solche Reaktionen bei sich feststellen, dann dient dieses spezielle Erlebnis als eine Art »Spiegel«. Im wahrsten Sinne des Wortes bekommen Sie etwas gespiegelt, das neutralisiert bzw. aufgelöst werden möchte. Das hat einen tieferen Grund bzw. Sinn.

Das, was uns der andere bewusst im Außen zeigt, liegt im tiefsten Inneren unseres eigenen Unterbewusstseins vergraben. Auf diese Art und Weise wird uns etwas gespiegelt, was noch aufgelöst werden sollte.

Ihr Gegenüber spiegelt Ihnen nur jene Themen, die in Ihrem Resonanz-Feld gespeichert sind – auch wenn Sie das vielleicht nicht wahrhaben möchten. Aber lösen Sie diese Themen und Gefühle wie in meinem Buch »Herz-Resonanz-Coaching« (→ Seite 169) beschrieben auf, werden sie ein für alle Mal verschwinden. Es kann natürlich sein, dass Sie danach nochmals eine solche Begegnung haben, aber Sie werden dann erkennen: »Früher hätte ich mich darüber aufgeregt, heute berührt es mich nicht mehr.«

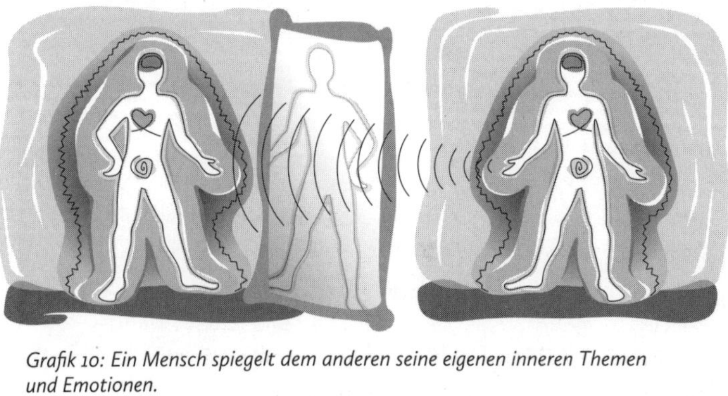

Grafik 10: Ein Mensch spiegelt dem anderen seine eigenen inneren Themen und Emotionen.

Bei **Projektionen** zeichnet sich etwas anderes ab. Sie äußern vielleicht einen lustigen Humorspruch, einen gut gemeinten Rat oder machen eine Bewegung ohne böse Absicht, und plötzlich reagiert Ihr Gegenüber reflexartig mit Beschimpfungen oder irrationalen Handlungen. Womöglich läuft er oder sie sogar fluchtartig davon. Sie hingegen spüren innerlich gar nichts, sondern bemerken nur: »Das ist mir noch nicht passiert.« Oder: »Mit dem, was er/sie gesagt hat, kann ich nichts anfangen.«

In diesem Fall handelt es sich um Projektionen. Ihr Gegenüber hat seine Themen auf Sie projiziert bzw. versucht, diese auf Sie abzuladen. Mit Ihrem Verhalten oder Einfach-So-Sein haben Sie unbewusst einen inneren Schalter bei der Person gedrückt und automatisch alte Zellerinnerungen eines Schocks oder Traumas aktiviert. Die Reaktion war unerwartet und für Sie nicht nachvollziehbar. Wichtig ist, auf Ihr Gefühl zu achten und zu spüren, dass dies jetzt nichts mit Ihnen zu tun hat.

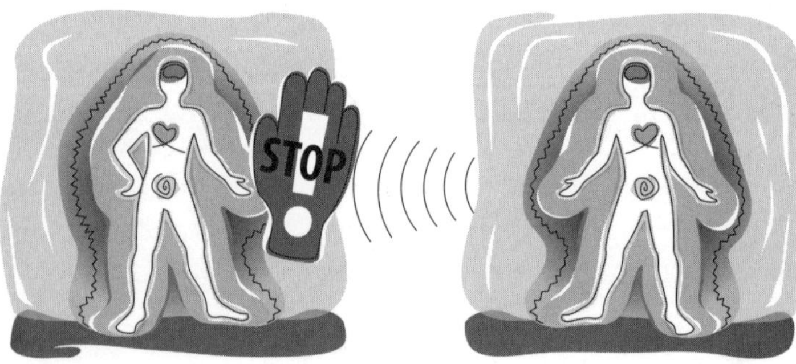

Grafik 11: Ein Mensch projiziert seine Themen auf einen anderen Menschen: Er wirft ihm seine in ihm gespeicherten ureigenen Themen und Gefühle vor.

Wenn Sie diese Spiegelungen und Projektionen in Ihrem Leben erkennen, dann nehmen Sie die Negativität daraus bitte nicht zu sich, und machen Sie sich auch keine Vorwürfe. Sagen Sie im Falle der Projektionen einfach nur »stopp«. Entschuldigen Sie sich bei Ihrem Gegenüber allenfalls kurz für das Gesagte oder Getane, und sagen Sie: »Ich lasse das Ganze hier einfach mal stehen!«

Die Dualität – beide Seiten wirken

Eine wichtige Betrachtung ist hierbei die Dualität. Das bedeutet, Negatives und Positives liegen immer direkt beieinander. So wie es das Positive gibt, ist auch das Negative vorhanden, und wir ziehen nach dem Gesetz der Resonanz jeweils das eine oder andere an. So erfahren wir eine Dualität auch in unterschiedlichsten Ausprägungen beim Menschen.

Lassen Sie sich durch ein paar Beispiele inspirieren:

Die eine Seite	Die gegenüberliegende Seite
beherrschende Person	beherrschte Person
bestimmende Person	Person, über die bestimmt wurde
nur geben müssen, nur nehmen wollen	von Herzen gerne geben, annehmen
Täter sein	Opfer sein
tätlich werden, angreifen	opfern, sich aufopfern
übergriffig, einnehmend sein	jemanden beschützen, behüten
jemanden unterdrücken	unterdrückt werden
jemanden demütigen, bloßstellen	gedemütigt, bloßgestellt werden
Kampf, kämpfen	Friede, friedlich
Hass, jemanden hassen	Liebe, jemanden lieben
Schuld, beschuldigt werden	Unschuld, unschuldig sein
Zerstörung, Sabotage	Gestaltung, Entfaltung
Macht ausüben, mächtig sein	Machtlosigkeit, ohnmächtig sein

Die eine Seite	Die gegenüberliegende Seite
geheim, verbergen	offen, frei
Opportunismus, gesinnungslos, prinzipienlos	visionär, fokussiert, lösungsorientiert
Egoismus, ich-bezogen, selbstherrlich	Gemeinschaftssinn, wir-bezogen, alle sind wichtig
Falschheit, Lügen	Klarheit, Wahrheit
Neid, Missgunst	jemandem etwas gönnen, sich mitfreuen

Die Arbeit im Coaching zeigt deutlich, dass sich Menschen in konfliktreichen Situationen häufig als Opfer erleben. Dieses Gefühl wurzelt in der Regel in einem früheren Erlebnis, das in ihnen gespeichert ist und dadurch erneut angezogen wird. Womöglich waren sie selbst oder ihnen anhaftende Seelenanteile Täter und gehen daher auf Resonanz mit Menschen, die ihnen etwas antun. In beiden Fällen ist eine Versöhnung unerlässlich. Das Thema muss aufgelöst und neutralisiert werden. Da wir in vielen Fällen die genaue Ursache nicht kennen, stellen wir einfach nur das Gefühl fest und finden dadurch Zugang zum Thema.

Kapitel 3: Der Mensch als Informationsfeld

Gesamtzusammenhänge

Ein Teil des Bewusstseins (der Gesamtheit mentaler und emotionaler Zustände und Prozesse bestehend aus Informationen) verfestigt sich als Materie und bildet sich ganz »real« als unser physischer Körper aus. Ein anderer Teil verbleibt in unserem Unterbewusstsein (Energiefelder um den Körper – Aura, Aura-Schichten –, Zellerinnerungen, Gehirnzellen) als »nicht real« bzw. »nicht physisch greifbar« energetisch gespeichert. Stellen Sie sich den Menschen hierbei als Datenspeicher vor, in dem alle Informationen (→ Grafiken 1 und 2, Seiten 14 und 16) gespeichert sind. Und so wie sich jederzeit seine Stimmung und Verfassung ändert, wechselt auch sein Zustand.

Wirkkräfte: Alles ist Energie

Wie Sie nun erfahren haben, besteht Materie (unser Körper = verdichtete Energie) aus Licht, Energie und Information.

All unsere Gefühle, Gedanken, Worte, Handlungen und Körperhaltungen sind demzufolge ebenfalls Energie und Informationen, die sich jederzeit in Schwingung und Resonanz befinden.

Über unsere Wirkungen lässt sich also vereinfacht sagen: **wie im Innen, so im Außen.**

Mit »Innen« meine ich das gesamte Informationsfeld eines Menschen. Dieses besteht aus unserem physischen Körper (Haut, Faszien, Muskeln, Organe, Knochen usw.) und unserem energetischen Körper (alle Energiefelder um den Menschen herum = Aura-Schichten ❷ und Herz-Resonanz-Feld ❶) sowie den »Zellerinnerungen« (graue Punkte), die auf Zellebene gespeichert sind. Wie schon im oberen Teil in

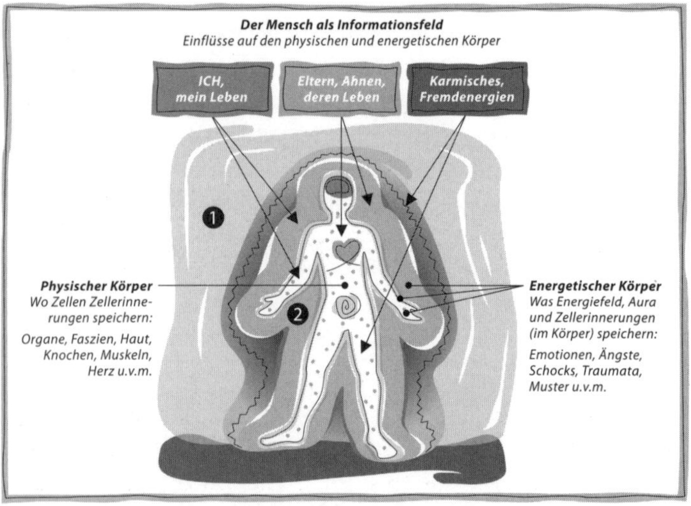

Grafik 12: Im Menschen sind Informationen auf verschiedene Arten und an verschiedenen »Orten« gespeichert.

Verbindung mit der Herz-Resonanz erklärt, sind auf beiden Ebenen viele Erinnerungen als Informationen wie z. B. Ängste, negative Emotionen, Schocks und Traumata gespeichert.

Diese Erinnerungen können auch aus Gedanken, Gefühlen, Handlungen und Überzeugungen bestehen. Wir sind somit eine Manifestation all unserer Informationen, Herkunftswurzeln und Wesenszüge. Diese Informationen und Zellerinnerungen wurden von uns selbst, früheren Generationen oder in uralter Zeit in eventuellen Vorleben erlebt bzw. energetisch an uns weitergegeben. Unser Bewusstsein formt so unsere eigene Realität. Kurz: Wir ziehen an, was wir sind!

In dem, was wir heute anziehen, liegt jedoch oft nur eine **Wiederholung** der Vergangenheit. Und um das herauszufinden, können wir uns fragen: Wie bin ich in meinem tiefsten Wesenskern, und wie bin ich nicht?

Wir ziehen auch Dinge an, die mit unserem Selbst gar nichts zu tun haben. Erfahren Sie also NEGATIVES – auch das, von dem Sie nicht wissen, woher oder weshalb es zu Ihnen kommt –, sollten Sie dies neutralisieren. Nur so kommen Sie ins Reine mit sich selbst und werden innerlich frei.

Energie geht nicht verloren. Alle Informationen bleiben erhalten und werden energetisch an die nächsten Generationen weitergegeben.

All diese Informationen, die an uns weitergegeben wurden und die wir weitergeben, können positiver oder negativer Natur sein. Dies erklärt, dass wir oft zwiespältige Erfahrungen machen. Die Folgen im Außen sind nur der Spiegel unseres Inneren; die Herz-Resonanz sorgt für unsere Ausstrahlung und die entsprechende Anziehung.

Die drei Felder Ich, Eltern und Karmisches

In Grafik 12 (»Der Mensch als Informationsfeld«, → Seite 42) habe ich drei Felder mit Pfeilen eingefügt, die auf die Zellerinnerungen im Innern, den äußeren Datenspeicher und die Anhaftungen (Zick-Zack-Linie) hinweisen. Aus allen drei Feldern stammen ursprünglich Informationen, die aus uns heraus strahlen und demzufolge auch Ähnliches in unser Leben ziehen.

Ich, mein Leben

Die Grundfragen hierzu sind: Was habe ich getan? Wo habe ich wirklich selbstbestimmt, wo fremdbestimmt gehandelt?

Ziel unseres Lebens sollte sein, dass wir aus der Selbstermächtigung heraus unsere mitgebrachten Fähigkeiten entfalten und gestalten. Doch wie viel tun wir wirklich aus freiem Herzen oder aus uns selbst heraus? Wie bereits im vorhergehenden Kapitel beschrieben, leben wir den Großteil unseres Lebens unbewusst alte Verhaltensmuster, Programme und Überzeugungen nach, die nicht wirklich zu uns gehören. Diese sind wie nachgelebte Wiederholungen von früheren Generationen.

Herauszufinden, wer man von seinem Wesenskern her wirklich ist, ist eine spannende Aufgabe. Um das zu erfahren, müssen wir wie eine Zwiebel Schicht um Schicht abschälen, bis wir am Schluss auf unseren wahrhaftigen Wesenskern stoßen. Dort liegen unsere mitgebrachten Talente und Fähigkeiten verborgen, und sie sind der Schlüssel zu unserer Lebensaufgabe. Erst wenn wir diesen »verschütteten Schatz« in uns heben, ist ein Handeln und Wirken aus freiem Herzen möglich.

Dieser Wesenskern – unser wahres Ich – muss durch Löschung der gespeicherten Negativ-Informationen freigelegt werden und positiv neu ersetzt werden. Erst danach kann unsere Herz-Resonanz anziehen, was wir uns wirklich für unser Leben wünschen.

Wir erzeugen tagtäglich mit unseren Gedanken, Gefühlen, Aussagen und Handlungen neue Informationen, für die wir Verantwortung übernehmen und die wir bewusst gestalten können. Fernöstliche Kulturen sprechen von Karma, das wir mitnehmen und weitergeben.

Was dir jemand antut, ist sein Karma.
Wie du darauf reagierst, ist dein Karma.

Eltern, Ahnen, deren Leben

Bestimmt kennen Sie Aussagen wie: »Er kommt ganz nach seinem Vater! Und der ist genauso stur wie sein Großvater!« Oder: »Sie ist auch so gutmütig wie ihre Großmutter!«

Das weist auf die Generationenübertragung hin. Nehmen wir ein deutliches Beispiel aus meiner Coaching-Arbeit. Ich traf unabhängig voneinander zwei Männer, deren Großväter im Zweiten Weltkrieg am Kampf um Stalingrad in Russland beteiligt gewesen waren. Unsere Unterhaltung verlief ähnlich, und zwar ungefähr so:

Ich: »Wo kommen Sie ursprünglich her?«
Antwort: »Aus Deutschland, Ort XYZ.«
Ich: »War Ihr Vater oder einer Ihrer Großväter im Krieg?«

Antwort: »Ja, mein Großvater, er war in Stalingrad.«
Ich: »Und was passierte in Stalingrad?«
Antwort: »Ja, die Kesselschlacht eben.«
Ich: »Kam Ihr Großvater noch heraus?«
Antwort: »Ja, er kam gerade noch heraus, bevor sich der Ring um Stalingrad schloss.«
Ich: »Welche Gefühle könnte er gehabt haben?«
...

Auf die letzte Frage erhielt ich jeweils keine Antwort mehr, sondern blickte in ein angstverzerrtes Gesicht, wie man es von Kriegsbildern her kennt. Die in der Zellerinnerung dieser Personen gespeicherten Schocks und Traumata der Großväter hatten sofort reagiert. Ich aktivierte offensichtlich die im Reiz-Reaktions-Glaubenssystem gespeicherten Schocks und Traumata, was zu einer Art Ablehnung führte. Diese Abwehrhaltung des Reiz-Reaktions-Glaubenssystems löst oft Handlungen wie Flucht sowie Wut- oder Angstausbrüche aus.

Die Berührung der gespeicherten Ängste war so heftig, dass die Betroffenen eine mentale Mauer hochzogen, um das Aufkommen dieser tief verwurzelten und tief sitzenden Ängste zu unterdrücken. Es ist anzunehmen, dass dasselbe Muster in der Elterngeneration zu beobachten gewesen wäre. Leider haben beide Männer nie ein Coaching begonnen.

Solche Gefühle sind keine Seltenheit und lassen sich bei jedem von uns aufspüren, vorausgesetzt, man öffnet sich dem Prozess. Das Beispiel lässt sich auf alle Themen übertragen – vom Fremdgehen des Urgroßvaters und der Misshandlung der Ehefrau über Alkoholkonsum als Kompensation von Lieblosigkeit bis hin zu Macht- und Dominanzgebaren, was sich bis heute in unterschiedlichster Form von Konflikten zeigt.

Die Generation der Kriegsenkel/innen trägt heute noch die Gefühle ihrer Eltern und Großeltern aus Zeiten des Krieges in sich.

Vergleichbare Erkenntnisse aus meiner Coaching-Arbeit mit Betroffenen erklären und belegen auch, warum der aktuelle Zustrom von Flüchtlingen aus Kriegsgebieten so auf Angst und Abwehr der Menschen stößt. Auch hier werden alte Übertragungen durch Betrachtung der aktuellen Bilder in Presse oder Fernsehen aktiviert. Unbewusste Ängste und sogenannte Alptraumszenarien wie Hungersnöte, Verfolgung und panische Todesangst gehen auf Resonanz und lösen Konflikte im Hier und Jetzt aus, für die man keine rationale Erklärung findet. In Ländern wie Deutschland ist der individuelle und kollektive Schmerzspeicher ein Thema mit großer Relevanz, das aufgearbeitet werden will und muss, damit sich innerer und äußerer Frieden einstellt und wir miteinander und nicht gegeneinander arbeiten.

Karmisches

Mit »Karmisches« bezeichne ich Themen und Gefühle, die in früheren Zeiten erlebt worden sind – oder, wie der Duden den Begriff »Karma« definiert, »das durch früheres Handeln bedingte gegenwärtige Schicksal«. In der Regel wissen wir nur sehr wenig oder so gut wie gar nichts über die Herkunftsgeschichte unserer Familien und noch weiter zurück. Aber wir wissen, dass Informationen über einst Gefühltes, Gesagtes, Gedachtes, Geglaubtes und Getanes nicht verloren gehen und nach wie vor energetisch vorhanden sind. So tragen wir **in** uns (körperlich als Zellerinnerung) und **an** uns (Datenspeicher im Energiekörper [→ Grafiken 1 und 2, Seiten 14 und 16]) alle Informationen, eine Art Lebens-Geschichte. Es ist nicht wichtig, genau zu wissen, woher etwas kommt. Wichtig ist, dass wir zum einen erspüren, was uns stört, innerlich unruhig macht oder dubios vorkommt, und zum anderen erkennen, was davon nichts mit uns zu tun hat. Und Letzteres können wir mit der Neutralisierungsarbeit (→ Kapitel 6 »Die Ablösung und Neutralisierung von Fremdenergien«, Seite 104ff.) auflösen.

So beschrieben mir beispielsweise manche Menschen Gefühle und Körperreaktionen, deren Ursprung sie sich nicht erklären konnten, da sie weder einen Schock noch ein Trauma, das dem zugrunde liegen konnte, erlebt haben. Also waren fremde Themen in ihrem Informationsfeld gespeichert, die sich nun emotional oder physisch bemerkbar machten. Darüber hinaus berichteten sie von Erlebnissen, die nicht in die heutige Zeit zu passen scheinen. So fühlten sie sich konfrontiert mit Unterdrückung und überwältigenden Opfergefühlen, mussten sich verstecken, wurden öffentlich bloßgestellt, abgelehnt und waren einer Art Übermacht ausgeliefert. Innerer und äußerer Druck, Groll, Hass und Zwänge setzten ihnen zu. Damit einhergehend beschrieben sie stechende, ziehende und pochende Schmerzen, wie sie z. B. durch einen Messerstich, eine Schnittverletzung oder das Eindringen eines Fremdkörpers ins eigene Gewebe hervorgerufen werden. Diese Empfindungen traten an Hals, Nacken, Unterleib, Händen, Handgelenken, Kopf oder Beinen auf, ohne dass dafür körperliche Anzeichen zu finden gewesen wären. Hierbei handelte es sich um gespeicherte Informationen, die sich in Form von energetischen Blockaden bzw. Unterbrechungen zeigten. Bei meiner Recherche nach den Ursachen dieser Phänomene stieß ich auf historische Niederschriften. Darin fand ich Beschreibungen von Handlungen und Gefühlen, die mit den Aussagen meiner Kunden übereinstimmten.

In diesem Zusammenhang möchte ich eine Passage aus dem Buch »Frauenkörper – Frauenweisheit« der amerikanischen Ärztin Dr. med. Christiane Northrup[I] zitieren:

»Unsere Erinnerungen sind im Körper gespeichert (...) Wir tragen unsere persönliche Geschichte in unserem Zellgewebe in uns wie in einer Datenbank. Aber wir tragen noch viel mehr mit uns herum als nur die persönliche Vergangenheit. Auf einer bestimmten Ebene haben wir alles und jeden – das Kollektive – in unseren Zellen gespeichert.«

Sie führt auch den britischen Biologen Rupert Sheldrake an, der postuliert, dass alles Wissen über die Vergangenheit der Erde um uns herum vorhanden ist, und zwar in Form von elektromagnetischen Feldern aus Informationen – den sogenannten »morphogenetischen Feldern«.

Aktuell erfahrene Erlebnisse und Gefühle können also auch aus nicht-heutiger Zeit stammen. Negative Fremdenergien haften sich an den verschiedenen Aura-Schichten oder im Körper selbst an. Wie die Dualität waren sie immer schon vorhanden und auch in früheren Zeiten wirksam. Sie wirken von außen auf den Menschen oder aus ihm heraus. Es kommt zu seltsam und irrational anmutenden Handlungen, die sich anfühlen, als agiere »etwas aus einem heraus«, dem man hilflos ausgeliefert ist. Gefühle kommen hoch, die man aus dem eigenen Leben oder dem selbst erfahrenen Familienumfeld so gar nicht kennt. Wie »fremdgesteuert« tut und sagt man Dinge, die einen immer wieder in missliche Situationen bringen und die man anschließend bedauert – aber abstellen kann man sie auch nicht. Fremdenergien belasten den Menschen emotional und körperlich schwer und sollten abgelöst werden.

Alles, was nicht abgelöst, aufgelöst, neutralisiert, vergeben, versöhnt, aufgehoben, entbunden und freigesprochen wurde, bleibt erhalten und wird weiterhin unbewusst an nachfolgende Generationen weitergegeben. Dies gilt besonders für all jene Themen und Gefühle, die **auf immer und ewig** ausgesprochen wurden.

Die heutigen Veränderungen

Die allgegenwärtigen Veränderungen unserer Industriegesellschaft wurden vom russischen Wissenschaftler Nikolai Kondratjew in seiner Theorie zur zyklischen Wirtschaftsentwicklung beschrieben. Im heutigen sechsten »Kondratjew-Zyklus« stehen die psychosozialen Aspekte und die Gesundheit im Vordergrund: Der Trend geht dahin, mehr im Einklang mit der Natur zu wirtschaften und wieder mehr Menschlichkeit zu leben.

Parallel dazu läuft der zunehmende Prozess der Digitalisierung, die eine schnellere Entwicklung ermöglicht. Der Mensch funktioniert jedoch nach wie vor »analog« und hat einen langsameren Entwicklungszyklus als die moderne Technik, sodass eine gefährliche Entwicklungslücke entsteht. Diese Lücke hat einen äußeren und inneren Druck auf den Menschen zur Folge, der wiederum die in ihm gespeicherten negativen Zellerinnerungen (bzw. die nicht neutralisierten Themen) aktiviert und schließlich zum Anstieg der psychischen Erkrankungen wie Erschöpfung und Burn-out führt.

Um die Anforderungen der Zukunft meistern zu können, braucht es eine parallele Entwicklung der Menschen in ihrer Persönlichkeit. Dies erfordert ein »mit sich ins Reine kommen« in vier Themenbereichen, wie in den Grafiken 2 und 3 (→ Seite 16f.) aufgezeichnet.

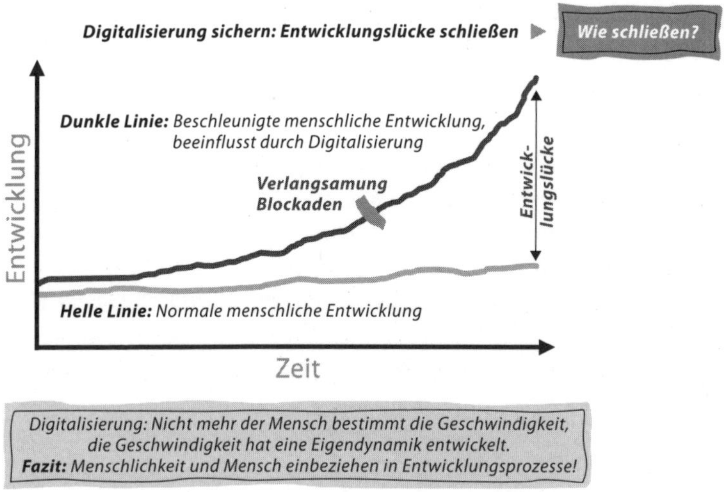

Grafik 13: Die Entwicklungslücke führt zu zunehmendem Druck in der menschlichen Entwicklung, da der Mensch nach wie vor analog funktioniert.

Kapitel 4: Die Fremdenergien = fremde Energien

Als Fremdenergien bezeichne ich alle fremden Energien, die Ihren Wesenskern negativ beeinflussen und nicht zu Ihrer eigenen Natur gehören oder die nicht Ihren eigenen Energien oder Ihrer Wesensart entsprechen.

Diese fremden Energien wirken über Anhaftungen, Besetzungen, energetische Verbindungen, Verstrickungen, Netzwerk- und Informationssysteme, die sich außerhalb am Körper (Aura-Schichten) oder innen (Zellen, Zellerinnerungen) befinden.

Fremde Energien können sein (→ Grafik 4, Seite 23):

- starke negative dunkle Anhaftungen von Wesenheiten (Zick-Zack-Linie vor den Aura-Schichten),
- starke dunkle Wesenheiten im Körper (Zellebene),
- uralte karmische Themen (Datenspeicher außen oder auf Zellebene (Zellerinnerung),
- Weitergaben von früheren Generationen.

In meinem Buch »Herz-Resonanz-Coaching« (→ Seite 169) bin ich bereits in einer Vorstufe auf dieses Thema eingegangen und hatte eigens dafür die Entkopplungsarbeit entwickelt. Der Fokus lag dort auf der Entkopplung von Energieverbindungen aus unserer Ursprungsfamilie oder von Dritten sowie Anhaftungen von Energieräubern und teils uralten Belastungen.

Jeder Mensch sollte sich zuerst auf fremdenergetische Belastungen (Anhaftungen, Besetzungen) von negativen dunklen Wesenheiten überprüfen lassen, diese nachhaltig ablösen und erst nach deren Ablösung die weitergegebenen uralten oder von früheren Generationen zurückliegenden Themen neutralisieren.

Formen fremdenergetischer Einflüsse und Belastungen

Fremdenergetische Belastungen, sogenannte Anhaftungen oder Besetzungen, stellen mit die größten Blockaden bei der Re-Vitalisierung des Menschen dar, weil sie diese verhindern, blockieren oder sabotieren. Experten haben festgestellt, dass ein Genesungs- oder Gesundungsprozess beim Menschen erst dann eintreten kann, wenn die fremdenergetischen Anhaftungen und Besetzungen beseitigt worden sind. Für ein Grundverständnis dieser Thematik möchte ich Ihnen hier einen kurzen Überblick verschaffen.

Fremdenergetische Anhaftungen oder Besetzungen können von medial begabten Menschen gesehen oder gefühlt werden, ansonsten sind sie nicht wahrnehmbar. Doch ihre Wirkungen und Missbräuche kann jeder spüren. Zur Sensibilisierung finden Sie am Ende der Erklärung eine Checkliste, in der mögliche körperliche und psychische Folgen aufgeführt sind, die im Zusammenhang mit fremdenergetischen Belastungen stehen können. Sehr hilfreich ist dabei die Selbstbeobachtung nach dem Grundsatz: Wie im Innen so im Außen. Welche Menschen, Themen, Situationen ziehe ich – gemäß dem Gesetz der Resonanz – immer wieder an? Wenn es sich dabei um negative Personen, Themen, Situationen handelt, kann das ein Hinweis auf fremdenergetische Belastungen in mir sein, die ich noch unbewusst in mir trage. Die Schlüsselfrage ist dabei immer: Was bin ich und was nicht?

Grundsätzlich reicht es, bei fremdenergetischen Belastungen bzw. Anhaftungen von negativ wirkenden Energien zu sprechen. Diese Fremdenergien lassen sich grob in vier Gruppen aufteilen:

1. Seelenanhaftungen (Seelenanteile)

Seelenanhaftungen – oft auch Seelenanteile, erdgebundene oder unerlöste Seelen genannt – sind Seelen, die noch verwirrt auf der Erde umherschwirren und sich auf ihrem Weg in die Versöhnung befinden. Sie haften sich oftmals an Menschen, um über deren Liebe vermeintlich in die Versöhnung zu gelangen. Es sind ihre verletzten Gefühle und Ängste, die durch den Menschen reagieren. Die betroffene Person selbst weiß nicht, warum ihr dieses oder jenes geschieht und weshalb sie die entsprechenden Gefühle und Gedanken hegt.

Beispiel: Jemand wurde durch einen plötzlichen Tod (Unfall, Krieg etc.) aus dem Leben gerissen. Die Seele befindet sich dann in einem verstörten Zustand und irrt friedlos umher. Wenn sich eine solche Seele an einen Menschen haftet, wirken ihre Gefühle durch den Menschen, der sie als für ihn unerklärliche Gefühlsäußerungen wahrnimmt.

Hauptaugenmerk Resonanz: innere Schwere, Traurigkeit, Zweifel, Verzweiflung, Ohnmacht, Verbitterung usw.

2. Astralbelastungen

Dies sind negative Belastungen, deren Ansinnen nur Negatives ist. Astralwesen nähren sich von der Energie negativ eingestellter Menschen. So verstärkt sich die Negativität. Bleibt die Person jedoch neutral und reagiert liebevoll auf negatives Verhalten, wenden sie sich von ihr ab. Astralwesen halten Liebe und Licht nicht aus.

Menschen, die spirituelle Arbeit leisten und sich dadurch in ihrer Persönlichkeit weiterentwickeln, werden oft von negativen Energien und Anhaftungen blockiert. Es finden Ablenkungsmanöver statt. Betroffene fühlen sich blockiert, oder es wird ihnen Negatives eingeredet – etwa auch, dass die spirituelle Arbeit ja sowieso nichts bringe; oder sie erhalten bewusst Falschinformationen.

Hauptaugenmerk Resonanz: Personen reden nur negativ, achten überall nur auf das Negative, sehen nur das Negative.

3. Starke negative Energien

Diese starken negativen Energien haben oft bösartige Auswirkungen wie Sabotage, Torpedierung und Zerstörung im Sinn. Sie können als Anhaftung oder als Besetzung wirken. Viele Menschen wissen nichts von ihrer Besetzung und leben in der irrigen Annahme, ihre Entscheidungen würden durch sie selbst getroffen. Diese negativen Energien beeinflussen jedoch deren Willen und Handlungen. Ein Indiz kann sein, dass es »aus ihnen heraus« handelt, obwohl sie es gar nicht wollen.

Attraktive Menschen haben den Vorteil, dass sie aufgrund ihres Äußeren oft bevorzugt behandelt werden und leichter durchs Leben kommen. Doch dadurch werden solche Personen oft auch missbraucht von diesen starken dunklen, negativen Energien. Achten Sie besonders darauf, wie jemand in puncto Bösartigkeit, Boshaftigkeit, Hinterlistigkeit oder durch negative Handlungsweisen mit Ihnen oder anderen Menschen umgeht bzw. was Sie darüber erfahren. Wenn Sie das mit Ihrem gesunden Menschenverstand betrachten, erscheint es Ihnen sicherlich wie unerklärlich.

Diese Belastungen können sich durch Rachsucht, plötzlich irrational wechselnde Handlungen, Fluchtreaktionen, bösartige und hinterlistige Nachrede oder Zerstören von Gegenständen oder menschlichen Beziehungen äußern. Es sind auch starke Suchtkompensationen wie Rauchen, Drogen, Alkohol oder übertriebene Sexualität, Sexsucht hier zu beobachten.

Hauptaugenmerk Resonanz: Lug, Betrug, List, Tücke, Falschheit, Hinterlist, Bösartigkeit, Wutanfälle, Ausrasten, alles verneinen und von sich weisen.

4. Sonstige Fremdeinflüsse

Sonstige Fremdeinflüsse können unterschiedlicher Natur sein. Es kann sich z.B. um Elementalenergien, Implantate, informationelle Systeme, alte Leiden oder Einflüsse ungenauer Herkunft handeln. Sie zeigen sich oft erst, wenn die anderen fremdenergetischen Belastungen (die vorgenannten Punkte 1 bis 3) sowie die karmischen Themen und Programme abgelöst worden sind. Neuerdings zeigen sich auch informationelle Systeme, die mit implizierten Schad- und Trigger-Programmen im Menschen wirken. Diese Trigger wirken negativ steuernd auf Gedanken, Gefühle oder Körperfunktionen des Menschen ein. All diese Fremdeinflüsse stellen oft auch für Ärzte eine große Herausforderung dar, weil diese gerne helfen wollen, jedoch die Ursachen der Leiden nicht erkennen.

Hauptaugenmerk: Psychosomatische Störungen, deren Ursachen nicht auffindbar sind. Hauptthemen, die schon aufgelöst zu sein scheinen, werden immer wieder aktiviert. Verzweiflung, weil nichts zu helfen scheint.

Fremdenergetische Belastungen oder Besetzungen durch starke dunkle Wesenheiten können durch medial begabte Therapeuten, die selbst frei sind von manipulativen Energien, erkannt oder abgefragt werden. In einer Ausmessung wurden Belastungen von erdgebundenen Seelen oder Astralwesen festgestellt. Nach deren Ablösung stellte sich jedoch heraus, dass es den Betroffenen immer noch nicht besser ging. In der Ausmessung muss daher immer noch zusätzlich befragt werden, ob sich starke dunkle, negative Wesenheiten oder Energien hinter den erdgebundenen Seelen oder Astralwesen verbergen, oder ob es sich um reine erdgebundene Seelen handelt. Erst wenn alle Arten von fremdenergetischen Belastungen oder starken negativen Energien abgelöst sind, kann die Person aus eigenem freiem Willen heraus handeln. Diese Ablösungsarbeit wird auch als »Clearing« bezeichnet. Ein solches Clearing sollte nur von Spezialisten durchgeführt werden, da durch ein unsachgemäßes Vorgehen die Rückkehr dieser Energien oder Wiederinstandsetzung von Programmen und Mustern entstehen kann.

Für die Befreiung von Fremdenergien wird ein dreistufiger Ablöseprozess in Kapitel 6 beschrieben. Wenn fremdenergetische Belastungen oder Besetzungen abgelöst und die unerklärlichen Themen neutralisiert wurden (→ Schritte 1 und 2 in Kapitel 6, Seite 105ff.), sollten Sie sich einen energetischen Schutz anlegen, um unversehrt in Ihrem Energiekörper verbleiben zu können. Ich empfehle hierzu die »Kurzmeditation nach der Neutralisierungsarbeit« auf Seite 134f.

Checkliste: Hinweise auf Fremdenergien

Fremdenergetische Belastungen oder Besetzungen können sich auch auf körperlicher Ebene zeigen. Wir spüren sonderbare Gefühle und es scheint, als würde etwas aus uns heraus handeln oder manchmal sogar durch uns sprechen. Denken Sie an Aussagen wie: »Das wollte ich gar nicht tun.« oder: »Das wollte ich doch gar nicht sagen ... Es ist mir einfach rausgerutscht ... Ich weiß auch nicht, warum ich das getan oder gesagt habe.«

Nachfolgend haben wir Ihnen Fragen aus einem Erhebungsbogen zur Verdachtsklärung bei Fremdenergien aufgeführt, den Energetiker in Österreich verwenden:

A. Unter welchen akuten Symptomen leiden Sie?
   a) Hören von Stimmen (was sagen sie?)
   b) Zittern (wann?)
   c) (Unerklärliche) Ängste/Panikattacken (wovor?)
   d) Gefühl der Einengung und Klammerung
   e) Sehen von Schatten, Gesichtern
   f) Zwänge, Ticks (welche?)
   g) Gefühl geistiger Beeinflussung durch eine fremde Person (»ferngesteuert sein«)
   h) Gefühl, nicht mehr man selbst zu sein
B. Falls die Belastung nicht an Ihrer Person liegt, wie und wo äußert sich diese?
C. Gibt es (Spuk-)Phänomene im Haus? Wie zeigen sie sich?
D. Wann traten die Symptome erstmals auf? In welcher Häufigkeit?

E. Gibt es andere Personen in der Familie mit ähnlichen Leiden?
F. Sind die Symptome ärztlich bzw. psychotherapeutisch abgeklärt oder behandelt worden? Wann und mit welcher Diagnose?
G. Nehmen Sie deswegen Medikamente? Wenn ja, welche?
H. Gibt es eine konkrete Vermutung über die Hintergründe Ihrer Erkrankung? Welche?
I. Haben Sie sich auf irgendwelche okkulten Praktiken eingelassen? Wann, welche?
J. Wissen Sie, ob in Ihrem Bekanntenkreis jemand okkulte Tätigkeiten ausübt?
K. Haben Sie (früher) Drogen genommen, oder nehmen Sie welche?
L. Trinken Sie Alkohol? Falls ja, welchen, wie oft und wie viel?
M. Haben Gebete bisher Erleichterung oder Verschlimmerung der Symptome gebracht?
N. Haben Sie häufig ein Druckgefühl auf Brust und/oder Bauch (tritt oft beim Schlafengehen auf) oder Stechen in der Brust/Herzgegend?
O. Haben Sie ein Druckgefühl im Kopf oder (migräneähnliche) Kopfschmerzen?
P. Ist die Merkfähigkeit des Kurzzeitgedächtnisses (stark) eingeschränkt?
Q. Haben Sie Verspannungen im Nacken, Genick, Rückenschmerzen?
R. Haben Sie zeitweise Sehstörungen?
S. Hören Sie in letzter Zeit schlechter? Speziell die hohen Töne sind nicht mehr so gut vernehmbar?
T. Haben Sie unerklärliche Stimmungsschwankungen, die plötzlich, unerwartet und oft grundlos auftreten (z.B. Friedfertigkeit und Aggression)?

Bitte bedenken Sie, dass eine Checkliste lediglich zur ersten Orientierung dienen und Ihnen nur ein paar Anzeichen für mögliche Auswirkungen geben kann. Letzten Endes gilt es, auf die eigene innere Stimme zu hören. Wenn sie sagt: »Da stimmt etwas nicht bei mir«, ist das der sicherste Indikator. Sie sollten dann gemeinsam mit einer/m Fachspezialistin/en (Arzt, Therapeut, energetischer Experte) an der Ursachenbehebung arbeiten.

Zerstörungs- und Sabotage-Programme sowie deren Löschung

Viele Kunden berichteten, dass ihnen ihre Arbeit aus Coachings und Therapien schon nach kurzer Zeit zerstört oder sabotiert erschien; sie fühlten sich wie zurückgeworfen an den Punkt, an dem sie sich vorher schon befanden. Mehr als ein Jahr intensiver Forschungsarbeit brauchte es, um die komplexen Zusammenhänge zu erkennen und die Strukturen von Zerstörungs- und Sabotage-Programmen mit den notwendigen Arbeitsschritten in der Neutralisierungsarbeit auflösen zu können.

Als Internetnutzer wissen Sie wahrscheinlich, dass es neben dem normalen Internet auch das sogenannte »Darknet« gibt, über das man mit einem speziellen Browser Zugang erhält. So bringen Vernetzungs- und Informationsstrukturen zum Teil Positives, zum Teil Negatives mit sich. Diese verschiedenen Programme enthalten leider auch eine Funktion oder einen Charakter der Sabotage oder Zerstörung. Dank der vielen Hinweise aus Coachings und Seminaren sowie meiner Erfahrungen aus der IT-Datenwelt gelang es mir, die Zusammenhänge der Störprogramme in den Grafiken 12 bis 14 (→ Seite 42, 51 und unten) zu entschlüsseln – was alles entkoppelt, gelöscht und neutralisiert werden muss, um sich selbst zu befreien.

Betrachten wir nun den Menschen als Informationsfeld (→ Grafik 12, Seite 42), wirken auch hier Selbstzerstörungs- und Selbstsabotageprogramme. In Grafik 14 wird deren gesamte Vernetzung aufgezeigt. Es bedarf einer kompletten Löschung der Programme und Sicherungskopien sowie der Ablösung und des Verschlusses aller Informations- und Netzwerkstrukturen (siehe Pfeile). Darüber hinaus muss die

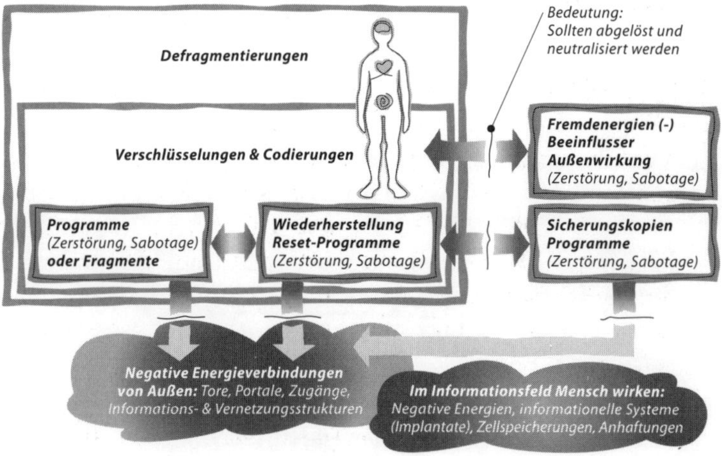

Grafik 14: Die Komplexität der Vernetzung, Verstrickung, Verschlüsselung und Wiederherstellung von Zerstörungs- und Sabotageprogrammen, die auf den Menschen wirken.

Wiederinstandsetzung bzw. der Reset der Programme inklusive ihrer Verschlüsselungen/Entschlüsselungen sowie Sicherungsspeicherungen ebenfalls gelöscht und ausgeschlossen werden. Erst wenn dies so ausgeführt und ein allumfassender, dauerhafter Schutz um die Person gelegt worden ist, kann eine nachhaltige Re-Vitalisierung erfolgen.

Diese Programme arbeiten gegen die eigene Gefühlswelt und den Körper. Das Ich wird unterdrückt, und somit werden auch Gedanken, Gefühle und der Körper selbst blockiert. Langfristig erwachsen daraus Krankheiten, Erschöpfung, Burn-out oder Depressionen, weil der Körper sich gegen diese Programme wehrt.

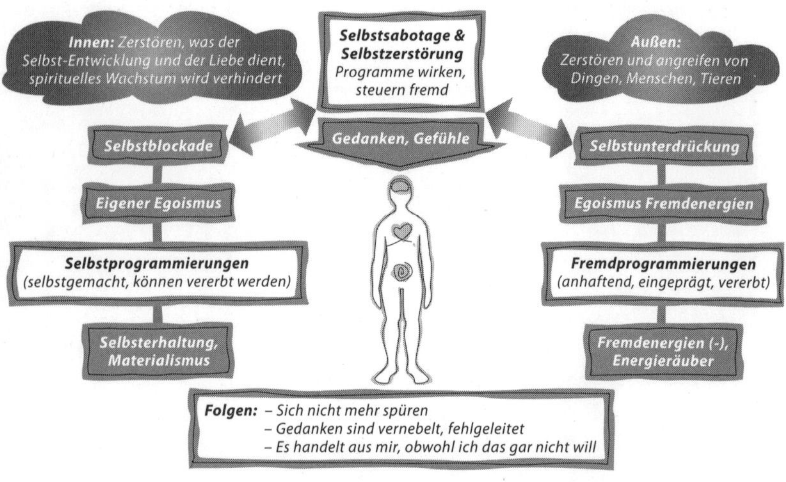

Grafik 15: Die Selbstsabotage und Selbstzerstörung kann entweder durch eigene oder durch fremdenergetische Programmierungen erfolgen. Durch Egoismus, Materialismus und Selbsterhaltung wirkt alles noch verstärkt unterdrückend und blockierend. Folgen davon sind oft z.B. Erschöpfung oder Burn-out.

Die Selbstzerstörungsprogramme können unterschiedlicher Herkunft sein. In Grafik 16 (→ Seite 64) zeige ich vier Arten von Ursachen dieser Selbstzerstörung und deute an, wie sie noch verstärkt werden und untereinander verstrickt wirken. Ich habe sie entflochten, um die Wirkweisen zu entschlüsseln, damit daraus für die Neutralisierungs- und Energieflussarbeit die notwendigen Arbeitsschritte entwickelt werden können:

- Selbstzerstörung, die von mir selbst programmiert ist (z.B. Überlebenswille nach Unfall, OP, Krieg)
- Selbstzerstörung, die aus früheren Generationen stammt (z.B. weitergegebene Programme aus Überleben im Krieg, Kampf, Not und Armut)
- Selbstzerstörung, die aus uralten Zeiten stammt (z.B. weitergegebene Programme aus Überleben im Krieg, Kampf, Religion, Glaubenssätzen, Doktrinen, Überzeugungen)
- Selbstzerstörung, die durch Fremdenergien (fremdeinwirkende Programme) verursacht wird (z.B. Einwirkungen durch Astralenergien oder stark negative dunkle Wesenheiten)

Diese Selbstzerstörungsprogramme sind am häufigsten im Kopf (der Kopf unterdrückt quasi das Herz) oder im Herzen gespeichert und wirken über Gedanken, Gefühle, Handlungen und Muster steuernd auf den Menschen ein.

Alle diese Selbstzerstörungsprogramme sind vernetzt und wirken ineinander zusätzlich blockierend. Sie werden verstärkt durch:

- Selbstablehnungen, Selbstunterdrückungen, Selbstbestrafungen, Selbstverleugnungen
- nicht zuhören, nicht annehmen, alles schlechtreden oder schlechtmachen

- Selbstblockaden durch erlebte Schocks und Traumata
- Rollenwechsel, bei dem Opfer- und Täterrolle gleichzeitig übernommen werden
- Einflüsse der noch nicht aufgelösten Doktrinen, Gelübde, Glaubenssätze aus zum Teil uralten Zeiten
- Überzeugungen oder Machtausübungen, die nicht mehr zeitgemäß sind
- Versagensängste oder die Angst, Erwartungen nicht erfüllen zu können

Es braucht eine Entflechtung, Löschung und Neutralisierung all dieser blockierenden Vernetzungsstrukturen, damit der Mensch sich wieder frei entwickeln kann.

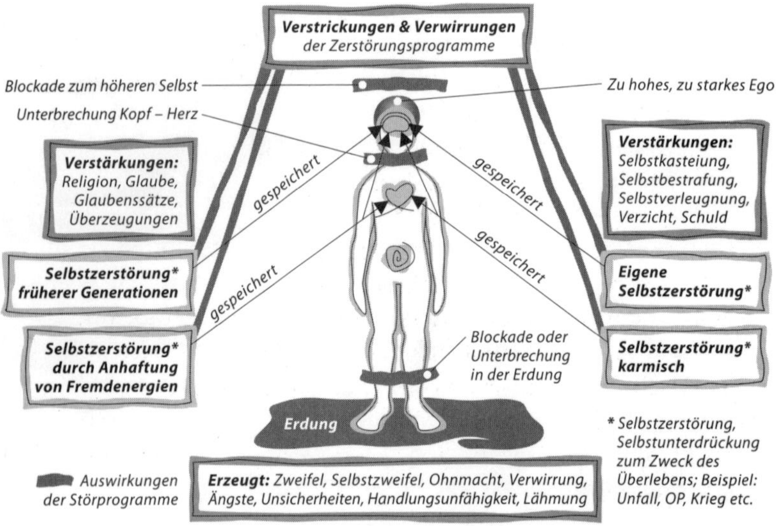

Grafik 16: Übersicht über die vier Arten von Selbstzerstörungsprogrammen, die im Außen oder von außen auf den Menschen einwirken können.

Notwendige Neutralisierungsschritte

Hier zusammengefasst die Neutralisierungsschritte in Bezug zu den Grafiken 14 bis 16 (→ Seiten 61, 62 und 64):

1. Löschen der eigentlichen Programme (Kontrolle, Sabotage und Zerstörung).
2. Löschen der Verschlüsselungen und Entschlüsselungen, Codierungen.
3. Löschen der Wiederherstellungs- und Reset-Programme.
4. Löschen der Defragmentierungen.
5. Löschen aller Sicherungskopien und -programme.
6. Löschen, Verschließen, Abtrennen aller Tore, Energieverbindungen, Informations- und Vernetzungsstrukturen zu fremdenergetischen Einflüssen auf allen Ebenen und in allen Dimensionen im Außen.
7. Ablösung der fremdenergetischen Belastungen oder starken dunklen Wesenheiten.
8. Löschen und Ausschluss der Rückkehr von fremdenergetischen Belastungen, Wesenheiten.
9. Löschen und Ausschluss der Systemstörungen wie Kontroll- und Machtverlust, Selbstblockaden, Selbstunterdrückungen inklusive deren Verschlüsselungen.
10. Löschen und Abtrennen aller karmischen Themen und Gefühle aus der Neutralisierungsarbeit »Fremde Energien«.
11. Löschen und Ausschluss der Wiederinstandsetzungsklauseln, Reproduzierer.
12. Löschen aller Sicherungsspeicherungen und -programme von 6. bis 11.

Wenn Sie das alles getan haben, können Sie Ihre Negativspirale der Sabotage- und Zerstörungsprogramme beenden. Das dafür notwendige Vorgehen, das ich im Coaching erfolgreich anwende, beschreibe ich in Kapitel 6, Seite 104ff.

Aber was geschieht, wenn ein Coaching oder eine Therapie noch nicht oder nicht vollends erfolgreich ist oder war? Diese Frage möchte ich Ihnen kurz beantworten.
Womöglich haben Sie sich kurzzeitig gut gefühlt, doch schon nach wenigen Wochen kehrten die Schmerzen oder negativen Gefühle wieder zurück. Ihnen wurde gesagt, Sie müssten dies nun akzeptieren und lernen, damit umzugehen. Also lernten Sie, mit den emotionalen und körperlichen Beschwerden klarzukommen, obwohl diese gar nicht die Ihren sind bzw. überhaupt nichts mit Ihnen zu tun haben.
Vielen Therapien gelingt die Auflösung der Ursachen deshalb nicht, weil die darüberliegenden Zerstörungs- und Sabotageprogramme alles verhindern. Das Gleiche trifft auch auf Glaubenssätze, Überzeugungen, Gelübde, Gelöbnisse und das Zölibat etc. zu. Handeln Sie dann noch aus einem zu hohen oder stolzen Ego heraus, wirkt dies wie Betonklötze an Ihren Füßen – und Sie meinen, keinen Zentimeter voranzukommen. All das ist miteinander verstrickt und führt zu Verwirrung, Selbstblockaden, Selbstzweifeln, Ängsten, Unsicherheit, Handlungsunfähigkeit und Ohnmacht, bis Sie sich am Ende sogar noch selbst schuldig fühlen, an sich zweifeln oder sich selbst ablehnen.
Erst wenn Sie alles gelöscht, aufgelöst und neutralisiert haben, was im Zusammenhang mit diesen auf immer und ewig programmierten Sabotage- und Zerstörungsprogrammen steht, sind deren Einflüsse und Wirkungen beseitigt.

Im anschließenden Kapitel schildere ich persönliche Erfahrungen von Betroffenen. Sie sollen Ihnen als Spiegel dienen, um Anzeichen oder Ähnlichkeiten bei sich selbst zu entdecken. Die Namen und Schilderungen wurden zur Wahrung der Persönlichkeitsrechte abgeändert.

Kapitel 5: Fallbeispiele aus dem Coaching

In den vorangegangenen Kapiteln habe ich aufgezeigt, dass unerklärliche Dinge, die immer wieder geschehen, an uns weitergegeben worden sein können und demnach auch weiterhin von uns angezogen werden.

Meine Praxiserfahrung mit Menschen, die sich im Burnout oder schweren Erschöpfungszustand befanden, zeigte, dass Fremdenergien die komplexesten und anspruchsvollsten Themen sind. Sie werden in herkömmlichen Therapien und Beratungen so nicht aufgedeckt oder nachhaltig neutralisiert. Daher bleiben die Probleme trotz jahrelanger Behandlungen und REHA-Klinik-Aufenthalten nach wie vor bestehen. Es kommt nur zu kurzzeitiger Besserung, doch schon bald geht alles wieder von vorn los, weil die eingeleiteten Revitalisierungs-Maßnahmen in kürzester Zeit wieder neutralisiert werden.

Um mit seinem Leben ins Reine zu kommen und eine gesunde Basis für die eigene Entwicklung zu schaffen, sollten – wie bereits mehrfach dargelegt – zunächst die Fremdenergien abgelöst werden. Die Nutzung der Psychosomatik, sprich: die Sprache des Körpers über körperliche Symptome, empfehle ich parallel dazu; sie gibt uns Hinweise auf die Ursachen von negativen Gefühlen.

Erkennen Sie sich wieder?

Die hier aufgeführten Beispiele zeigen Themenfelder, die bestimmte Gefühle und Situationen im Resonanzfeld aktivieren. So erfahren wir von den emotionalen und körperlichen Beschwerden der Personen und von ihren zwischenmenschlichen Konflikten. Darüber hinaus erhalten Sie Einblick in die persönlichen Erkenntnisse während des Coaching-Prozesses.

Auch wenn es sich für Sie im ersten Moment ungewohnt anfühlen mag, bei der Reflexion der Themen lassen wir bewusst die bekannte Zeit- und Raumvorstellung los und betrachten das Informationsfeld des Menschen als Gesamtes. Beobachten Sie einfach, was es mit Ihnen macht! Vielleicht erkennen Sie Parallelen zu Ihren Erfahrungen und können diese mithilfe dieses Buches bereits lösen. Fühlen Sie sich einfach in diese Fallbeispiele hinein.

Thema 1: Gelübde, Bevormundung und deren Folgen

- Das Gefühl haben, keine von tiefer Liebe getragene Partnerschaft leben zu dürfen

- **Uralte Hauptthemen:** Entsagung, Entbehrung, Mäßigung; Enthaltsamkeits-, Keuschheits-, Abstinenz- oder Ehe-Gelübde; nicht mit freiem Willen entscheiden können; Moralpredigten, freiwillig sich einer höheren Macht unterstellen und auf die eigene Freiheit und Macht verzichten

Margret war eine Frau Ende dreißig und sehr attraktiv. »Eine herzliche und freundliche Person« würden Nachbarn und Menschen, die ihr begegneten, sagen.

Maggy, wie sie von Freunden liebevoll genannt wurde, hatte ihr Leben lang hart an sich und ihrem Aussehen gearbeitet. Sie war überdurchschnittlich intelligent und ging als Freiberuflerin ihren Aufgaben gewissenhaft und fleißig nach. Sie war eine unabhängige, moderne Frau, der nichts zu fehlen schien. So zeigte sie sich ihrem Umfeld gegenüber stets gut gelaunt und offen. Immer optimistisch eingestellt, scheute sie auch keine Herausforderungen. Und doch gab es etwas, das Maggy seit Jahren beschäftigte. Sie sehnte sich nach einer erfüllenden und liebevollen Partnerschaft mit einem Mann. Wie jede andere Frau hatte auch sie eine Vorstellung davon, wie dieser Mann und die Beziehung mit ihm aussehen sollten, aber so wie in ihrer Fantasie schien das nicht möglich zu sein. So heiß und leidenschaftlich wie die Romanzen begannen, so abrupt endeten sie auch binnen kürzester Zeit.

Das Gefühl von Verliebtsein verflog recht schnell, denn aus unerklärlichem Grund rutschte sie immer in die Rolle der Liebesdienerin. Sie musste etwas tun, um das Interesse ihres Gegenübers zu wecken, denn von allein kam da nichts. Er verharrte in einer passiven Haltung, wurde stattdessen immer fordernder und genoss die Unterwürfigkeit seiner Bettgefährtin. Maggy bemerkte: Je mehr sie tat, umso mehr empfand sie eine Art Ablehnung, und Sex wurde zur Pflichtveranstaltung.

Es ging immer nur um ihn und sie selbst empfand keine wahre Nähe mehr, sondern nur das Gefühl, dienen zu müssen. In ihr wuchs eine innere Abwehr, aber auch das Gefühl, für mehr nicht gut genug zu sein. Immer wieder dachte sie, während sie ihren Partner »befriedigte«, sie müsse das tun. Sie war dafür verantwortlich, dass er bekam, was er brauchte. Schließlich war er ja der Mann. Aber wahre Hingabe und Leidenschaft schienen nicht möglich. Sie hatte auch keine Ahnung, wie das wirklich ging.

Nun, mit Ende dreißig noch keinen festen Partner zu haben, war auch für die Familie ein Rätsel. Sie fragte sich natürlich, warum das so war – immerhin war sie doch so eine »Nette«. Maggy hatte ihre Bekanntschaften nie mit nach Hause gebracht. Sie wollte eben erst ganz sicher sein und wartete so lange ab, bis der Mann wieder verschwunden war. Am Ende fühlte es sich aber doch gut an, wieder allein zu sein.

Nur hielt das Gefühl nicht lange an, denn schon kurz darauf meldete sich wieder die tiefe Sehnsucht nach einer Beziehung in ihr. So zogen zwar die Partner von dannen, aber Sätze wie: »Ja, wenn man mit vierzig immer noch keinen Mann gefunden hat, dann kann da ja was nicht stimmen!« blieben. Der innere und äußere Druck waren deutlich auf der Herzebene zu spüren und wogen schwer auf Maggys Gemüt.

Maggy kam ins Coaching und wollte an diesem Thema arbeiten. Die Fragen: »Warum gelingt mir keine langfristige Partnerschaft? Und warum kann ich mich sexuell nicht fallen lassen?« beschäftigten sie nun schon zu lange und sie hatte erkannt, dass in immer kürzer werdenden Abständen wiederholt dasselbe passierte. Aufgrund ihres Verhaltens wurden die Männer fordernder, teilweise auch herrisch. So spielten sich stets dieselben Szenen ab. Zuerst sollte sie ihn befriedigen und danach kam sowieso nichts mehr, denn die Lust war ihr vergangen. Sie wollte nur noch die Augen zumachen und schlafen. Und dann geschah bei den Männern noch eine sonderbare Wandlung. Plötzlich zeigten sie sich von einer äußerst kritikfreudigen Seite. Schon während des Sexes sagten sie genau, was sie zu tun habe und wie sie es tun sollte. Und wenn das nicht so funktionierte, war sie schuld. Vorwürfe wie »Du bist nicht richtig bei der Sache!« oder »Es geht immer nur um dich!« häuften sich. Doch nicht nur die Worte wirkten einschüchternd auf Maggy. Vielmehr war es diese herrische Art – etwas Unbewusstes, nicht wirklich Erklärbares. Sonst war sie doch auch selbstbewusst und sagte alles geradeheraus. Es fiel ihr nie schwer, sich anderen ehrlich mitzuteilen. Aber neben den Männern in ihrem Bett war ihr ganzes Selbstbewusstsein verschwunden. Wie gedrängt und unterdrückt fühlte sie sich; einer Macht unterworfen, die stärker war als sie.

Maggy war blockiert und traute sich nicht mehr, sich selbst zu behaupten bzw. ihre Wünsche zu äußern. So zog sie sich innerlich zurück. Obwohl sie nicht glücklich war, fürchtete sie eine mögliche Trennung seitens des Partners. Sie hatte große Angst, verlassen zu werden. Und damit das auf gar keinen Fall geschah, war am Ende sie es, die von heute auf morgen via SMS oder E-Mail Lebewohl sagte und sich tagelang in ihrer Wohnung verkroch.

Die gemeinsamen Neutralisierungsarbeiten gingen ihr erstaunlich gut von der Hand, und mit jedem geschriebenen Satz fühlte sich Maggy leichter. Es kam in ihr das Gefühl von Liebe auf – eine ganz neue Erfahrung, sich selbst zu spüren. Schon nach wenigen Tagen bemerkte sie im Alltag eine Veränderung im Verhalten der Männer, die sie traf. Anders als früher kamen sie auf sie zu – auch solche, die sie früher nie beachtet hatten. Sie waren wertschätzend und gaben ihr das Gefühl, wertvoll zu sein und nicht mehr nur sexuell anziehend. Diese Männer hatten positive Absichten und versuchten, sich ihr behutsam zu nähern. Es war auch keine große Euphorie mehr zu spüren, sondern alles lief viel verständnisvoller ab. Und zur großen Überraschung dauerte es keine zwei Monate, und der Richtige stand vor ihr. Mit ihm lebt sie bis heute glücklich zusammen.

Gelübde haben eine große Macht, wenn sie auf immer und ewig ausgesprochen wurden, und sie wirken noch bis heute. Dabei ist nicht wichtig, dass man den Ursprung und die Geschichte genau kennt. Wichtig ist nur zu beobachten, was da an Gefühlen auftaucht und wie und in welchen Situationen sie sich melden. Im Fall von Maggy war es die dienende Unterwürfigkeit in Gegenwart einer männlichen Bezugsperson, ausgelöst durch die sexuelle Verbindung.

Sexualität löste also Ohnmachtsgefühle, Pflichtbewusstsein und demzufolge auch eine innere Ablehnung aus. Der Grund könnte die Abhängigkeit von einer staatlichen Macht oder einer religiösen Gemeinschaft in früheren Zeiten gewesen sein, wo man sexuell zu Diensten stand oder aber für Sexualität bestraft wurde.

Im Hinblick auf die Rolle der unterwürfigen Dienerin erklärt sich auch der emotionale und sexuelle Missbrauch, den sie erduldet bzw. über sich ergehen ließ und unbewusst bis heute selbst heraufbeschworen hat. Das Gefühl, benutzt zu werden, erklärt sich somit von selbst. Wie früher erfährt die Betroffene auch Bevormundung. Moralpredigten und Vorwürfe seitens des Partners sowie der Familie spiegeln solch eine Situation wider. So erklärt sich auch, dass Maggy nicht nach freiem Willen handeln konnte, wie sie es im Normalfall gewohnt war, sondern tat, was ihr gesagt wurde. Und wehe dem, ein Gelübde wurde nicht eingehalten, dann erfolgten Bestrafung und Denunzierung, was sich in Maggys Angst vor Streit und Einsamkeit äußerte. Angst vor Strafe, Ablehnung, Zurückweisung, Verdammnis, Scham oder ein schlechtes Gewissen, wenn man sich fallen lässt und sexuell hingibt, sind Anzeichen für eine Erfahrung, die über das Zellgedächtnis übertragen wurden.

Thema 2: Macht, Machtlosigkeit, Dominanz, Autorität und deren Folgen

- Eine Person für sich einnehmen und Machtlosigkeit empfinden

- **Uralte Hauptthemen:** Patriarchat, Autorität, Dominanz, Opportunismus, Egoismus, Arroganz, Ignoranz, von oben herab behandeln und behandelt werden, Menschen klein halten wollen, beherrschen wollen, nicht verlieren können und mit unfairen Mitteln kämpfen oder spielen, Machtmenschen, narzisstisches Verhalten, besitzergreifend sein, jemanden für sich einnehmen

Elisabeth war eine gestandene Frau und Mutter von zwei erwachsenen Kindern. Sie arbeitete schon viele Jahre als Sachbearbeiterin und liebte ihre Aufgabe sehr. Ihr hilfsbereites und empathisches Wesen wurde von den Kollegen sehr geschätzt. Der Umgang im Team war eher familiärer Natur, was für ein angenehmes Betriebsklima sorgte. Doch leider hatte sich vor ein paar Monaten mit einem Mal alles geändert.

Ihr ehemaliger Chef war in Pension gegangen und wurde von einer Frau ersetzt, die bereits nach wenigen Tagen durch ihr dominantes Auftreten für Unruhe und Unzufriedenheit auf der ganzen Etage sorgte. Sie lächelte kühl und innerlich abwesend, wenn man mit ihr sprach. Überstunden waren für sie genauso normal wie der Verzicht auf eine Mittagspause. Sie war Mitte vierzig, kinderlos und schien auch wenig soziale Anbindung zu haben. Morgens kam sie als Erste, und abends ging sie als Letzte, sodass sich Elisabeth immer schlecht fühlte, wenn sie um 18 Uhr ihre Sachen packte. Oft kam ihre Chefin dann herein und legte ihr noch so eine »schnelle Sache« hin mit der Bitte, diese dringend zu erledigen. Unter einer Stunde war das jedoch nie getan. Elisabeth spürte in der Begegnung mit dieser Frau eine Kälte, die sie verkrampfen ließ, und gab ihr den Spitznamen »Panzer«.

Diese Frau suchte Fehler und da sie ihren Fokus nur auf das Negative richtete, passierten genau die Dinge, die ihr eine neue Diskussionsvorlage boten. Sie spielte mit den Schwächen der Menschen und stellte sie vor versammelter Mannschaft bloß. So verwandelte sich binnen weniger Wochen das Arbeitsklima zu einem Alptraum, und viel schlimmer als der eiserne Führungsstil waren Elisabeths wachsende Selbstzweifel. Sie verstand sich selbst nicht mehr. So eine Angst vor einer fremden Person zu haben, das kannte sie nicht. Überall mischte sich die Chefin ein und in den wöchentlichen Meetings herrschte eine gedrückte Stimmung. Ihre negative Art hatte sich auf die Mitarbeiter übertragen. Alle fühlten sich entmutigt, weil gute Vorschläge und Lösungen einfach übergangen wurden. Nur sie allein bestimmte, was gemacht werden sollte, und verlangte Unmögliches – bei den Überstunden angefangen.

Darüber hinaus wurde jeder aus dem Team einmal in der Woche zu ihr ins Büro zitiert und musste sich dort einer Art Verhör stellen. Man wurde über alles ausgefragt. Sie wollte sogar wissen, wie man andere Kollegen und Kolleginnen einschätzte. Elisabeth fühlte sich in diesen Gesprächen wie vor einem Tribunal, wo sie Rede und Antwort stehen musste. Am schlimmsten war die Angst, etwas Falsches zu sagen oder einen Kollegen ohne Absicht in die Pfanne zu hauen. Die Fragen und die Art und Weise, wie sie fragte, lösten in Elisabeth ein Gefühl von Ohnmacht aus.

Da sie selbst in einem Alter war, wo man nicht mehr so schnell einen neuen Job fand, machte sie sich große Sorgen um ihre Stelle und versuchte, der Chefin alles recht zu machen. Unterwürfig sprang sie auf, sobald sie den Raum betrat, und bot sich für kleine Gänge an. Sie versuchte, sich in ein gutes Licht zu setzen. Die Meinung ihrer Vorgesetzten war ihr so wichtig, dass sie nicht mehr arbeitete, sondern nur Leistung erbrachte. Manchmal rannte sie während der Arbeitszeit los, um Blumen und Geschenke für sie zu besorgen. Sie wollte unbedingt gefallen und erledigte zunehmend auch andere private Dinge für sie.

Nach Monaten unter diesem Druck spürte Elisabeth erste Anzeichen von Erschöpfung. Sie war unkonzentriert, ihr unterliefen unnötige Fehler, sie konnte abends nicht gut einschlafen und wachte in der Nacht häufig auf. Darüber hinaus klagte sie häufig über Kopfschmerzen und ihre Nervosität blieb auch der Familie nicht verborgen. Sie reagierte auf alles gereizt und war weinerlich. Ihr Mann machte sich Sorgen, denn sie war nicht mehr die Alte. Gemeinsame Ausflüge am Wochenende gab es auch nicht mehr. Elisabeth zog sich lieber in ihr Zimmer zurück und schlief regelmäßig vor dem Fernseher ein.

Elisabeths Zustand verschlechterte sich von Woche zu Woche, bis sie eines Morgens einen Weinkrampf bekam und sich nicht mehr in der Lage sah, ins Büro zu fahren. Sie ging zum Arzt und ließ sich für zwei Wochen krankschreiben. Von einer Kollegin erfuhr sie die übertriebene Reaktion der Chefin, als sie die Krankmeldung erhielt. Worte wie »Die soll sich zusammenreißen! Sie läuft vor ihren Pflichten davon. War ja klar, dass so etwas passiert. Ist eben keiner mehr belastbar heutzutage!« klangen wie Peitschenhiebe in Elisabeths Ohren. Nun kam auch noch das schlechte Gewissen hinzu. Sie schämte sich, weil sie nicht mehr arbeiten konnte und selbst nicht verstand, was da mit ihr vor sich ging und warum sie plötzlich so sensibel reagierte. Früher war sie doch viel belastbarer und hatte sogar Spaß an ihrer Arbeit. Jetzt fürchtete sie sogar den Rauswurf.

Zu Hause bleiben, ohne wirklich schlimm erkrankt zu sein, fühlte sich nicht richtig an. So zog sie nach einer Woche in Erwägung, wieder zur Arbeit zu gehen. Wenn ihr Mann sie nicht davon abgehalten hätte, wäre sie womöglich noch am selben Tag zusammengebrochen. Glücklicherweise überredete ihr Mann sie auch, sich professionelle Hilfe zu suchen.

Durch die Neutralisierungsarbeit erkannte Elisabeth die Muster der Macht und Unterdrückung von herrischen Frauen. Sie entdeckte Parallelen zu ihrer Großmutter, die wohl in ähnlicher Art und Weise mit ihrer Mutter umgegangen war. Laut Erzählungen der Mutter war ihre Kindheit von Tyrannei geprägt. Dominante Frauen und Mütter (sowohl in Herrschaftsfamilien wie auch in Glaubensorden) gab es zu allen Zeiten. Besonders verwirrend war in diesen Fällen, dass das eigentlich Mütterliche, sprich Weibliche hier abhandengekommen war bzw. als verdreht männlich-destruktive Energie zum Ausdruck kam und die Betroffenen zutiefst verletzte.

Elisabeth trug ein Thema in sich, das durch die neue Chefin aktiviert wurde. Doch es war bereits vor dieser Begegnung in ihr vorhanden. Aber durch das Erkennen dieser Muster und die anschließende Neutralisierungsarbeit verschwand das Gefühl, beherrscht und entmachtet worden zu sein. Durch die Neutralisierung des Themas gab es bei der ersten Begegnung mit der Chefin nach dem Coaching auch keine Resonanz mehr. Elisabeth fühlte eine besondere Art der Neutralität, wie sie es selbst formulierte. Dadurch verhielt sich nun auch die Chefin ihr gegenüber viel freundlicher. Es war eine Verwandlung, die alle im Büro staunend bemerkten.

Heute tritt Elisabeth wieder selbstbewusst auf und ihre Chefin respektiert sie für ihre Haltung. Was früher eine Welle von Wut, Angst und Ohnmacht in ihr auslöste, lässt sie heute neutral und sie bleibt innerlich ruhig. Elisabeth bleibt ganz bei sich und hat erkannt, dass das Verhalten der Chefin nichts mehr mit ihr zu tun hat; daher ist sie auch nicht mehr von ihrer persönlichen Zustimmung abhängig. Sie hat es sogar fertiggebracht, bei einem erneuten Wutausbruch für die Kollegen einzutreten.

Nachdem Elisabeth erkannt hatte, dass sie nur die auf Resonanz gehenden Negativ-Informationen bei sich selbst auflösen muss, löste sich das Problem von ganz allein. Heute ist Elisabeth nicht nur in der eigenen Kraft, sondern unterstützt auch die Kollegen im Prozess ihrer Selbstbefreiung.

Thema 3: Drohung, Druck, Bedrängnis und deren Folgen

Das Gefühl, bestimmt zu werden und selbst bestimmend zu sein

Uralte Hauptthemen: bestimmen, über mich bestimmen, bestimmend sein, drängen, bedrängen, belehrend sein

Ulrike, eine Frau Anfang fünfzig, lebte in einer »einseitigen« Beziehung, wie sie es selbst nannte, als sie ins Coaching kam. Sie war eher der schüchterne Typ, zurückhaltend und unscheinbar gekleidet. Man hätte sie auch als das typische »graue Mäuschen« bezeichnen können. Ulrike hatte im Vorgespräch bereits erzählt, dass sie immer wieder dieselbe Geschichte erlebte: Sie zog nur Männer in ihr Leben, die sie dominierten und über sie bestimmten. Sie verstand nicht, woran das lag, da sie doch selbst aus einem eher liebevollen und wohlbehüteten Elternhaus stammte.

Nun, Uli, so nannte sie sich selbst, mochte ihren Mädchennamen nicht. Warum das so war, konnte sie auch nicht sagen. Uli klang irgendwie besser, sagte sie. Außerdem war der Name viel kürzer und man konnte ihn sich besser merken.

Uli war zierlicher, wenn nicht gar dünner Statur, aber nicht wirklich weiblich. Sie trug ihr Haar locker zusammengebunden und blickte beim ersten Gespräch immer nach unten auf den Boden. Ihre Haltung war gebeugt, sodass der Rücken schon eine leichte Krümmung aufwies. Der Pullover hing locker an ihr herab und die Ärmel waren viel zu lang. Sie sah aus wie ein kleines Mädchen, das sich am liebsten zu Hause einigeln will.

Sie lebte seit fünf Jahren in einer Beziehung, arbeitete in einer Obdachlosenküche und sah ihre Aufgabe darin, anderen Menschen zu helfen. Sie war nicht gläubig, hatte jedoch einen hohen moralischen Anspruch an ihr Sein und Tun. Marko, ihr Lebensgefährte, war Fernfahrer und viel unterwegs. Wenn er auf Strecke war, ging es Uli sehr gut. Sie war entspannt und genoss die Zeit mit sich allein in ihrer kleinen 2-Zimmer-Wohnung. Sie besaß viele Bücher und liebte das Lesen. Besonders interessierten sie historische Bücher, auch Dokumentationsfilme im Fernsehen sah sie sich gern an. Am meisten faszinierten sie Berichte über das Mittelalter. Schon seit ihrer Kindheit war das so, aber warum konnte sie nicht erklären. Auch auf mittelalterliche Märkte ging sie sehr gern. Sie fühlte sich stark zu ihnen hingezogen – was Marko gar nicht mochte. Für ihn waren das alles nur Spinner, die in einer Scheinwelt lebten.

Uli wusste um Markos Abneigung, sodass sie sich damit nur beschäftigte, wenn er wieder auf Tour war. Darüber hinaus trank er häufig einen über den Durst, wenn er zu Hause war. Er war zusehend übellaunig und aggressiv. Zwar hatte er schon immer eine eher aufbrausende Art, aber durch den Alkohol verstärkte sich diese und er wurde immer herrischer. Er behandelte Uli wie seine Magd, und wenn sie sich mal beschwerte, hieß es: »Wenn es dir nicht passt, dann kannst du ja gehen!« So war Uli gefügig und hatte bereits den Tisch gedeckt, bevor er mit dem Auto um die Ecke bog.

Die Arbeit in der Großküche war sehr anstrengend und der Lohn gering. Aber Uli hatte von ihrem Vater etwas Geld geerbt und für schlechte Zeiten auf die Seite gelegt. Darüber schimpfte Marko immer wieder und unterstellte ihr Geiz und puren Egoismus. Er war nicht der erste Mann, der Uli so behandelte. Ihm rutschte, genauso wie ihrem Ex-Freund, auch öfter mal die Hand aus. Beim ersten Mal tat es ihnen immer noch leid, doch schon bald wiederholten sich die Ausbrüche mit dem Spruch: »Du hast mich ja provoziert!« Was all ihre Männer neben dem herrischen Auftreten noch gemeinsam hatten, war die Trinkerei und auch die ewige Geldknappheit. Obwohl die Wohnung Uli gehörte, hatte sie kein Mitspracherecht. Sie lebte wie ein Gast im eigenen Haus.

Nun, aber was ging in dieser Geschichte wirklich vor sich? Uli war eine nette Frau, die zwar sexuell nicht sonderlich aktiv war, aber auch nicht wirklich ablehnend darüber sprach. Sexualität gehörte irgendwie dazu, war aber in ihren Augen eher eine Männersache. Sie war zwar nicht gerade der Typ Frau, auf den die Männer standen, aber der eine oder andere kam über die Jahre in ihr Leben, und diese Begegnungen waren eher nüchterner als romantischer Natur.

Es verlief immer eher wie bei einer geschäftlich nützlichen Absprache. Man fand ein mündliches Übereinkommen, weil es einem ja gemeinsam wirtschaftlich besser ging. Darüber hinaus war man auch weniger allein. Doch am Ende war Uli trotzdem viel allein. Aber am meisten quälte sie das Gefühl von Einsamkeit, wenn ihr Freund daheim war. Dann betrachtete sie das Zusammensein mit ihm wie einen Film von außen. Als hätte sie sich innerlich abgespalten und alles aus einer höheren Perspektive betrachtet. Nach der letzten Beziehung hatte sich Uli geschworen, nie mehr einen Mann in ihr Leben zu lassen. Und nun hatte sie dasselbe Drama wieder. Ein Mann, der sie schlägt und ihr ständig vorschreibt, was sie wann und wie zu tun hat. Aber warum war das so? Wie konnte das geschehen? Warum konnte nicht mal ein liebevoller Mann kommen? Auf diese Fragen suchte sie verzweifelt nach Antworten.

Während der Coaching-Arbeit erkannte Uli ihre eigenen Anteile, die Marko ihr spiegelte, und begriff, dass sie selbst es war, die sich innerlich zu viel unter Druck setzte. Zu sehr wollte sie immer eine ordentliche, hilfsbereite und liebe Frau sein. Wildheit, Spontanität, Reiselust und so richtig aus sich herauszugehen, das kam für sie nicht infrage. Das konnte und wollte sie sich nicht erlauben. Sie arbeitete sehr gut im Coaching mit und konnte sich über die Lebenslandkarte auch alle Dinge bewusst machen. Als wir jedoch die Neutralisierungsarbeit »Fremdenergien« miteinander bearbeiteten und ich ihr den Auflösungstext diktierte, fühlte sie sich plötzlich bedrängt und unter Druck gesetzt. Sie warf mir vor, zu dominant und bestimmend zu sein. Ich würde sie behandeln wie ein kleines Kind, das schreiben lernt. Es reagierte so sehr in ihr, dass sie aufsprang und nervös umherlief. Ich sagte ihr, die Neutralisierungsarbeit würden wir ja nur zu ihrem höchsten Wohle miteinander erledigen, doch nur missmutig machte sie weiter mit.

Später sagte sie, ich hätte sie unter Druck gesetzt und gedrängt, diese Neutralisierungsarbeit zu schreiben, obwohl sie das gar nicht wollte, und deshalb würde sie die Rechnung auch nicht bezahlen. Ihre vorherige eingeschüchterte Opferhaltung wandelte sich, und sie reagierte genauso, wie sie es von den Männern in ihrem Leben berichtete. Es rieselten Vorwürfe auf mich herab. Sie sagte am Telefon, sie hätte eine Beratung gesucht, die hilft und nicht alles noch schlimmer macht.

In Ulis Fall waren starke fremdenergetische Belastungen festzustellen, die negativ durch sie und auf sie wirkten und sie so blockierten. Leider kam es zu keinem weiteren Treffen mit ihr.

Aber was genau war Ulis Thema? In ihr wirkte etwas, das von außen bestimmt wurde und selbst bestimmen wollte. Und wenn es im Außen nichts Bestimmendes gab, dann wurde über sie selbst bestimmt in Form einer inneren moralischen Kontrolle. Es war wie eine Fremdbestimmung, welche durch sie handelte. Uli trug, auch wenn es ihr selbst nicht bewusst war, ein Muster von »bestimmt, bedrängt werden« und »selbst bestimmen wollen« in sich. Und das spiegelte sich letztendlich auch in ihrer Reaktion auf unsere gemeinsame Arbeit.

Thema 4: Denunziation, Neid, Missgunst, Intrigen und deren Folgen

Unwahrheit erzählen und Opfer von Hinterlist sein

Uralte Hauptthemen: Unwahrheiten verbreiten, Unehrlichkeiten, Hinterhalt, Hinterlist

Susanne war Anfang dreißig und Lehrerin an einer Schule für behinderte Kinder. Ihr liebevoller Umgang mit den Schülern war außergewöhnlich. Sie hatte dieses Talent in die Wiege gelegt bekommen. Schon als junges Mädchen fühlte sie sich zu Kindern hingezogen und wollte unbedingt etwas in diesem Bereich tun. Susannes Schützlinge machten unglaubliche Fortschritte und fühlten sich zu ihrer Lehrerin besonders hingezogen, sehr zum Neid einiger Kolleginnen. Insbesondere zwei von ihnen redeten schlecht hinter ihrem Rücken und beschwerten sich bei der Schulleitung. Sie sagten, Susanne würde nicht pädagogisch vorgehen, ihre Methoden seien fragwürdig und sie würde die Kinder negativ beeinflussen. Darüber hinaus würde sie ihre Unterlagen nicht sorgfältig führen, und andere Kollegen müssten immer in die Bresche springen. Die beiden Kolleginnen waren um einige Jahre älter als Susanne und schon lange vor ihr in dieser Schule tätig. Aufgrund dessen waren sie überzeugt, dass niemand so gut wie sie einschätzen könne, was die Kinder und die Schule wirklich brauchten. Susanne war in ihren Augen viel zu »verspielt« und konnte somit ihre Rolle als Lehrerin nicht angemessen ausführen. Schließlich trug sie eine große Verantwortung.

Glücklicherweise war die Schulleiterin eine erfahrene und psychologisch ausgebildete Frau, die schnell erkannte, dass hier persönliche Beweggründe im Vordergrund standen. Sie spürte auch etwas Neid und Missgunst, wusste aber, dass Veränderungen immer Angst machen. Weil sie Susannes Arbeit sehr schätzte, blieb sie diplomatisch und teilte sie im neuen Schuljahresplan mit anderen Kolleginnen ein.

Susanne aber war zutiefst verletzt und litt unter dieser Verleumdung, fand sie doch keine plausible Erklärung für dieses hinterhältige Vorgehen. Es war unverständlich für sie, dass man jemanden bewusst Schaden zufügen wollte, und sie fühlte sich in der Situation machtlos. Das Gefühl, sich rechtfertigen zu müssen, obwohl sie nichts getan hatte, lag schwer auf ihrem Herzen. Zumal die beiden Kolleginnen ihr auch weiterhin freundlich ins Gesicht lächelten.

Dank der empathischen Rektorin löste sich die Anspannung zwar für den Moment auf, doch die zwei Kolleginnen waren ja noch immer da. Susanne arbeitete mit der Lebenslandkarte und versuchte, irgendeine Parallele zu diesem Erlebnis in ihrem Familienstammbaum zu finden, doch von Verrat und Hinterlist keine Spur. Erst nach erfolgter Neutralisierungsarbeit »Fremdenergien« fühlte sie sich stark genug, den Kolleginnen wieder gegenüberzutreten und normal weiterzuarbeiten.

Schon wenige Tage danach verspürte Susanne keine innere Anteilnahme mehr in Bezug auf den Vorfall. Sie sah die zwei Kolleginnen plötzlich aus einer inneren Neutralität heraus. Ihr Groll und die Wut waren verschwunden und ihr Herz begann, sich langsam wieder zu öffnen. Auch andere Menschen in ihrem Umfeld nahmen ihre liebevolle Anziehungskraft wahr. Und zur Überraschung aller veränderte sich sogar die Beziehung zu ihren Kolleginnen. Eine von ihnen kam sogar auf sie zu und entschuldigte sich bei ihr. Sie sagte, sie habe selbst nicht gewusst, warum sie das tat, und es sei wohl alles nur ein dummes Missverständnis gewesen.

Thema 5: Unterdrückung, Grausamkeit, Demütigungen und deren Folgen

Frauen sollen sich den Männern unterordnen

Uralte Hauptthemen: Frau muss dem Mann untertan sein; Frau hat dem Mann als eheliche Pflicht Sex zu geben

Sandra hatte eine Freundin namens Heike. Eines Tages unterhielt sich Heike mit Sandras Mann Michael. Er beklagte sich bei ihr, dass er keinen Sex mehr mit seiner Frau habe, da sie sich ihm seit Längerem verweigerte. Heike sagte daraufhin, dass, wenn ihr Mann Sex wolle, sie halt diese drei Minuten ertragen würde und danach wieder für eine Weile Ruhe hätte. Sie empfahl Michael: »Du musst dir den Sex von deiner Frau halt holen!«, und stachelte ihn quasi dazu auf, sein Recht auf die Erfüllung seiner Bedürfnisse einzufordern.

Sandra war stinksauer auf ihre Freundin und auch auf ihren Mann, denn er tat, wie ihm empfohlen wurde. Sie berichtete im Coaching, dass ihr Mann daraufhin in sie eindrang, ohne dass sie es wollte. So fragte sie mich, ob denn Männer auch Frauen in der Ehe vergewaltigen können. Es hatte sie innerlich sehr verletzt, und sie wusste nun nicht, damit umzugehen. Auf der einen Seite wollte sie einen glücklichen Mann, aber genauso wollte sie auch respektiert werden.

Als ich die Worte »Vergewaltigung in der Ehe« aussprach, wurde sie plötzlich ganz sonderbar und verharmloste die ganze Sache. Sie meinte, der Arme hätte ja derzeit auch wenig Sex mit ihr und ein Mann brauche das nun mal mehr als eine Frau. Außerdem sei es doch auch ihre Pflicht, dafür zu sorgen, dass er bekommt, was er braucht. Sonst würde er ja fremdgehen. Und bevor er das tut, dann doch lieber so, oder?

Im Coaching löste sie später die Themen der Grausamkeit gegenüber Frauen auf und erfuhr, wie Männer in früheren Zeiten mit ihren »Weibern« umgegangen waren. Sie waren ihnen untertan, und wenn der Mann Sex wollte, nahm er sich das einfach. Sandra erkannte ähnliche Verhaltensmuster wie »sich einfach Dinge nehmen« oder »Verlangen im sexuellen Bereich« bei ihrem Mann im heutigen Umgang mit ihr. Doch nach der Auflösung veränderte sich ihr Resonanzfeld. Sie wurde selbstbewusster und konfrontierte ihn mutig mit der Entscheidung, die gemeinsame Wohnung neu aufzuteilen. Von nun an schlief er in einem separaten Zimmer und sie gestalteten das Zusammenleben wie in einer modernen Wohngemeinschaft.

Thema 6: Ablehnung, Bevorzugung, Benachteiligung und deren Folgen

Abgelehnt werden und sich benachteiligt fühlen

Uralte Hauptthemen: nicht angenommen werden, grundlos abgelehnt sein, immer benachteiligt werden

Dieses Beispiel betrifft mich selbst. Eine Gruppe von Projektleitern hatte mich zur Lösung von Teamkonflikten ins Unternehmen gerufen. Sie schlugen mich für diese Aufgabe vor, weil sie sich als technisch orientierte Personen mit meiner Herangehensweise gut identifizieren konnten.

So kam es also zum Gespräch mit der Leiterin der Abteilung. Sie war eine dominante Frau um die fünfzig mit einem autoritären Umgangston. In bestimmendem Ton forderte sich mich auf, ihr zu sagen, was das Beste für ihr Team sei. Da ich jedoch kaum Hintergrundwissen zu diesem Fall hatte, fragte ich natürlich nach und bat um ein paar Hinweise darüber, welches Ergebnis sie sich denn von der Zusammenarbeit erhoffe. Als von ihrer Seite nichts Aussagekräftiges kam, schlug ich einige Lösungsansätze vor. Doch diesen Vorschlägen stand sie ablehnend gegenüber. Ihrer Ansicht nach gingen diese viel zu sehr in die Tiefe. Ich erklärte ihr daraufhin, dass wir das Problem nun mal an der Wurzel packen müssten, um Erfolg zu haben, und wir nicht anders an die Ursachen herankämen, eben weil sie oft so verborgen sind.

Bereits wenige Minuten nach dem Gespräch erfolgte per Anruf eine Absage. Über ihre Sekretärin ließ sie mir ausrichten, dass man für eine positive Entwicklung im Team etwas in Bezug auf Achtsamkeit anstrebe und einen bereits bestehenden anderweitigen Kontakt bevorzuge.

Wie Sie sehen, passierten auch mir hin und wieder solche Dinge; wohl niemandem von uns bleiben diese Erfahrungen erspart. Die Frage ist nur: »Was hat es mit mir zu tun?« Und wenn man hierauf keine Antwort findet, ist sie wahrscheinlich im Bereich der Fremdenergien zu finden.

Dieser Fall war ein Beispiel für Ablehnung, Bevorzugung und Benachteiligung, auch im Hinblick auf das ganze Team. Die Art und Weise des Umgangs hinterließ in mir Gefühle der Wut und Unverständnis. Obwohl mir bewusst war, dass man nicht jeden Auftrag bekommen kann, verstand ich das Ganze nicht, zumal das Team sich für mich ausgesprochen hatte. Da es mich wurmte, ging ich der Ursache meiner negativen Gefühle auf den Grund.

Ich fragte mich: »Welches Thema ging hier zwischen mir und der Abteilungsleiterin auf Resonanz?« Da ich die Ablehnung, Bevorzugung und Benachteiligung nicht aus einer persönlichen Erfahrung heraus ableiten konnte, schrieb ich eine Neutralisierungsarbeit dazu und fühlte mich sofort wieder frei. Wenige Tage darauf erhielt ich ein Coaching-Mandat von einem Projektleiter aus ihrem Team, der im Zug eines Sabbaticals mich als Coach für diese Begleitung auswählte.

Thema 7: Kaltherzigkeit, Mangel an Liebe, Sexualität und deren Folgen

Kaltherzigkeit der Eltern ins eigene Leben ziehen!

Uralte Hauptthemen: Belehrungen, Zurückweisung, mangelnde Empathie, Distanziertheit, mechanischer Sex

Sebastian war Mitte vierzig, als er ins Coaching kam. Er berichtete, dass er immer wieder sehr kaltherzige Frauen in sein Leben zog. Er selbst sei ein sehr liebevoller Mann und immer sehr zuvorkommend zu seinen Partnerinnen gewesen. Auch als Vater bemühte er sich.

Seine derzeitige Frau und Mutter seiner Kinder wirkte auf den ersten Blick wenig weiblich. Kumpels von früher hatten immer ihre Witze über sie gemacht, weil sie harsch auftrat. Aber das war nicht immer so. Als er sie vor elf Jahren kennengelernt hatte, erschien sie ihm weicher. Doch die Jahre mit den Kindern und die viele Arbeit am gemeinsamen Haus hatten sie verändert. Sie war sehr launisch und maßregelte ununterbrochen die Kinder, und wenn sie nicht mehr weiter wusste, strafte sie sie mit Nichtachtung. Anfangs sah Sebastian noch darüber hinweg und dachte, das sei eben ihre Art, sich durchzusetzen. Aber irgendwann wandte sich ihre Kälte auch gegen ihn. Immer häufiger erhielt er bissige Antworten und wurde auch vor anderen belehrt. Sie behandelte ihn wie einen kleinen Jungen, der nicht selbst entscheiden könne. Berührungen oder Umarmungen wurden selten. Anfangs dachte er, es sei nur eine Phase, aber die Distanz zwischen ihnen wuchs.

Sebastian kannte dieses Phänomen bereits, weil all seine früheren Partnerschaften genauso endeten. Schon damals machte ihm der Mangel an Liebe zu schaffen. Lange Zeit unterdrückte er jedoch seinen Kummer und machte einfach wie gewohnt weiter – allein schon wegen der Kinder. Im Bett lief nur noch selten etwas. Sie bestimmte immer, wann und wie. Doch auch hier war sie sehr kühl, und er hatte nicht das Gefühl von tiefer Erfüllung. Stattdessen gab sie ihm kurz danach zu verstehen, er solle doch am besten gleich verschwinden. Für Sebastian war das wie ein Schlag ins Gesicht, denn er sehnte sich so sehr nach Zärtlichkeit. Einfach mal gemeinsam unter einer Decke auf der Coach liegen, das wäre schön gewesen.

Während der gemeinsamen Arbeit an der Lebenslandkarte erkannte Sebastian die Ursachen seines heutigen Konfliktes in der Beziehung, die von früheren Generationen über die Mutter-Linie an ihn weitergegeben worden waren. Sie hatte ihre Liebe allen drei Kindern gegenüber zwar immer wieder beteuert, doch er konnte sie nie fühlen. Er empfand sie als kaltherzig und fühlte sich oft von ihr zurückgewiesen. Alles, aber »ja keine Liebe zeigen« wurde so zu einem Verhaltensmuster, das er bis heute unbewusst anzog.

Wir neutralisierten mit der Neutralisierungsarbeit all seine negativen Herzensbelastungen, den Mangel an Liebe und die Kaltherzigkeit, die seitens der Mutter herrührten. Er fühlte sich sofort spürbar leichter. Der Druck auf der Brust hatte sich gelöst und er bekam wieder Luft. Darüber hinaus gelang es ihm, sich endlich frei mitzuteilen, was schon immer ein großes Problem für ihn war. Die gefühlte Schwere war wie verflogen, und zum ersten Mal empfand er wahre Selbstliebe. Auch seine Frau bemerkte die Veränderung und begegnete ihm mit mehr Feingefühl. Da er nun aufgeschlossener ihr gegenüber war, konnte er auch ihre Verletzungen bewusst wahrnehmen und sie ermutigen, das Thema Lieblosigkeit auch in sich zu lösen. Das Ergebnis war verblüffend.

Anmerkung: Oftmals ziehen sich Mann und Frau unbewusst auch durch Negatives an. Sie dienen sich somit gegenseitig als Spiegel. All die Dinge, die beiden negativ aufstoßen oder beide als störend empfinden, sollten neutralisiert werden. Danach kann eine Art »zweites Verlieben« erfolgen. Ich arbeite hier mit einer speziellen Methodik, dem sogenannten Konflikt-T, in dem die störenden Themen von Frau und Mann links und rechts des T aufgeschrieben werden. Die jeweilige Lebenslandkarte von Frau und Mann bringen danach die Ursachen zutage, die es aufzulösen gilt.

Thema 8: Doppelmoral, Täuschungen, Scheinheiligkeiten und deren Folgen

Widersprüchlich handeln und täuschen

Uralte Hauptthemen: Falschheit, Hinterhältigkeit, Widersprüchlichkeit, in Widersprüchen verstrickt sein

Fabrice kam erst nach vielen Rückfragen ins Coaching. Er wollte sich erst vergewissern, dass ich vertrauenswürdig bin. So führten wir ein ungewöhnlich langes Vorgespräch, bis er sich mir gegenüber öffnete. Fabrice arbeitete als IT-Spezialist in einem mittelständischen Unternehmen. Er trug dunkle Kleidung und wirkte etwas zerzaust.

Fabrice hatte erst vor wenigen Wochen seine Arbeitsstelle als Programmierer verloren, und nun steckte er in einem großen, schwarzen Loch, so erzählte er. Die Kündigung hatte ihn aus heiterem Himmel getroffen. Er war der unscheinbare Typ, der sich lieber mit sich selbst beschäftigte und auch kein Problem damit hatte, eher auf Abstand zu bleiben. Aber nun sei alles anders, erzählte er, plötzlich überkämen ihn schlimme Gefühle der Einsamkeit. Er hielt sich selbst nicht mehr aus, und um den Kummer zu verdrängen, saß er jetzt noch mehr vor dem Computer als früher und sah sich bis in die Morgenstunden irgendwelche Filme an. Den Druck im Kopf hätte er sonst nicht ausgehalten. Darüber hinaus mochte er auch gar nicht mehr vor die Tür gehen. Er bestellte sich sein Essen nur noch online und verspürte auch nicht die Notwendigkeit, sich ordentlich anzuziehen.

Fabrice hatte eine schwere Kindheit. Seine Mutter sperrte ihn und seine zwei jüngeren Geschwister in einen kleinen Raum im Untergeschoss und stellte ihnen dort einen Teller mit gekochten Nudeln hin. Wie Vieh, so sagte er, wurden sie gefüttert.

Das Flurlicht schimmerte von draußen durch das dicke Glas über der Tür und bot ihnen eine kleine Lichtquelle. Wenn die Mutter ging, verschloss sie die Tür von außen und war dann tagelang verschwunden. Fabrice und seine Geschwister hausten in diesem Raum wie Sträflinge und verrichteten dort auch ihre Notdurft. Doch eines Tages gelang es ihnen, das Fenster zu öffnen, und einer konnte auf den Fenstersims steigen. Nur in Unterhosen und T-Shirt bekleidet, wurden sie von einer Nachbarin gesehen, die sofort die Feuerwehr alarmierte. Den Feuerwehrmännern bot sich beim Aufbrechen der Tür ein Bild des Grauens: Die Wohnung war voller Müll. Die verwahrlosten, verwirrten und eingeschüchterten Kinder brachte man in eine Notunterkunft, von wo sie auf verschiedene Heime verteilt wurden. Fabrice kam als Ältester in ein Kloster, das von Nonnen geführt wurde.

Hinter den Klostermauern herrschte Zucht und Ordnung. Wenn ein Kind etwas angestellt hatte, wurde es dafür bestraft. Oft spielten sich die Kinder gegenseitig aus und stellten Dinge an, aber jedes Mal wurde Fabrice verdächtigt, obwohl er meist unschuldig war. Zur Strafe musste er sich nackt ausziehen und wurde mehrmals mit einem Reisigbesen auf Rücken und Po geschlagen. Es wurde so lange auf ihn eingedroschen, bis blutige Striemen zu sehen waren, und danach wurde er eiskalt abgeduscht.

Als es eines Tages erneut zu so einem Vorfall kam und er wieder grausam geschlagen wurde, erzählte er das seiner Lehrerin in der Schule und zeigte ihr die Wunden. Die Lehrerin war entsetzt. Sie fuhr am nächsten Tag in das Kloster und berichtete, was sie erfahren hatte. Die Klosterfrauen jedoch taten unschuldig und stritten alles ab. Bei ihnen sei alles in bester Ordnung und so einen Unsinn könne man ja nicht glauben, schließlich sei man ein angesehenes Gotteshaus. Aber dass hier Ordnung herrschen müsse und man ungezogenen Jungs auch mal maßregeln dürfe, sei ja wohl selbstverständlich. Wie sollte man denn sonst einen folgsamen Menschen heranziehen? Wenige Tage später wurde die Lehrerin zum Gespräch mit dem Schuldirektor geladen. Er war sehr bestimmend und sagte, sie solle es unterlassen, sich in interne Dinge des Klosters einzumischen. Es sei ihr nicht gestattet und es überschreite ihre Kompetenz. Sollte sie sich nicht an seine Anweisung halten, müsse er sie entlassen. Aus Angst vor einer Kündigung unternahm sie keine weiteren Schritte, doch die Beziehung zu Fabrice war weiterhin sehr herzlich. Fabrice vertraute ihr, und dank ihrer Unterstützung konnte er die Schulzeit überstehen. Fabrice sagte, dass er alles, was er erreicht hatte, nur wegen dieser Lehrerin geschafft habe und er sie deshalb so hochschätzte.

Die anspruchsvollen Neutralisierungsarbeiten »Entkopplung« und »Fremdenergien« führten wir Schritt für Schritt durch. Er war bald in der Lage, über seine emotionalen und körperlichen Wahrnehmungen zu sprechen und die Schübe von Schmerz, Trauer und Wut als einen Teil des Heilungsprozesses anzunehmen. Trotz innerer Widerstände bei der Neutralisierungsarbeit, ging er mit beeindruckender Konsequenz durch den Prozess. Er lernte, seiner Intuition wieder zu vertrauen und die innere Stimme von all den anderen in seinem Kopf zu unterscheiden.

Fabrice gewann wieder Vertrauen in sich selbst und das Leben allgemein. Auch im Umgang mit Menschen konnte er sich schneller öffnen. Infolge unserer gemeinsamen Arbeit trat er selbstbewusster auf und fand wieder eine passende Arbeitsstelle, wo er geschätzt und mit seinem ganzen Wesen offen angenommen wurde. Er wurde innerlich ruhiger und widmete sich in seiner Freizeit kreativen Dingen.

Thema 9: Betrug, Lug, Hinterhältigkeit und deren Folgen

Jemanden ausnutzen und betrügen

Uralte Hauptthemen: Verrat, Ausnutzung, Dreistigkeit, Hinterlist, in den Rücken fallen, Verantwortung abgeben

Peter war Finanzberater bei einem Finanzinstitut und kam ins Coaching, weil er in einen großen Skandal verwickelt war und nicht weiterwusste. Er war mit den Nerven am Ende, völlig erschöpft und sah kein Licht am Ende des Tunnels. Es ging um eine Reihe von Betrugsfällen im Hypothekengeschäft seines Instituts, für die er seinen Kopf hinhalten sollte. Ein Bauherr hatte mehrere Bauprojekte parallel am Laufen und holte sich demnach auch immer mehre Baukredite zur Vorfinanzierung von der Bank – und zwar bei Peter.

Peter war sehr herzlich und baute stets eine vertrauensvolle Verbindung zu seinen Kunden auf. Er war äußerst feinfühlig und hatte die Begabung, Menschen gut einschätzen zu können. So bemerkte er in diesem Fall erste Ungereimtheiten, über die er seinen Vorgesetzten unverzüglich in Kenntnis setzte. Da jener Kunde jedoch als geschäftlich attraktiv galt, sollte Peter weitermachen.

Der Kunde geriet zunehmend in Zahlungsschwierigkeiten, beschwichtigte Peter aber immer wieder. In der Hoffnung, der Kunde werde bald die Raten für die Kredite zurückzahlen, übte er sich im Vertrauen und gewährte weitere Zahlungen. Eines Tages brachte sein Kunde zwei Papiertragetaschen gefüllt mit Rechnungen in das Institut. Er stellte sie auf Peters Schreibtisch und sagte, er sei pleite, dies seien die noch offenen Rechnungen und er solle sich um die Bezahlung kümmern. Peter fiel aus allen Wolken.

Die Alarmsysteme des Instituts hatten in diesem Fall versagt. Peter wurde zum Vorwurf gemacht, er hätte seinen Kunden besser kontrollieren und rechtzeitig handeln müssen. Er wäre viel zu menschlich mit dem Kunden umgegangen, und man vermutete sogar, er würde mit ihm unter einer Decke stecken. Korruptionsvorwürfe wurden erhoben und die Verantwortung allein auf Peter abgewälzt. Über das mangelnde interne Kontrollsystem des Instituts und die rechtzeitige Mitteilung von Peter an seine Vorgesetzten verlor keiner ein Wort. Es war Peter, der versagt hatte. So wurde er als verantwortlich hingestellt und sein Ruf für immer geschädigt. Peter wusste nicht, wie er jemals wieder aus diesem Schlamassel herauskommen sollte. Es war eine Negativspirale, die ihn weiter und weiter hinab zog. Parallel dazu scheiterte auch seine Ehe. Der Auszug seiner Frau und seiner Tochter gab ihm den Rest. Gesundheitlich war es nicht gut um ihn bestellt, sodass er sich fast in einer tiefen Depression verlor.

Im Coaching brauchte es einige Zeit, bis er Vertrauen fasste. Er sah in jedem Menschen einen Feind und glaubte, jeder wolle ihm etwas anhaben. Anhand der Lebenslandkarte wurden ihm viele eigene Muster bewusst, die er ausgelebt hatte. In der Tiefenbetrachtung stießen wir vermehrt auf seinen Urgroßvater, der ein großer energetischer Heiler der neuen Zeit war. Dieser Urgroßvater war trotz positiver Absichten und Handlungen offensichtlich auch in viele hinterhältige Machenschaften verwickelt und Opfer von Betrug geworden. »Viele Dinge werden nie aufgedeckt und bleiben für immer ein Geheimnis«, so habe er früher immer gesagt.

In Folge lösten wir die Ursachen »Fremdenergien«, die von der Seite des Urgroßvaters und womöglich auch schon von dessen Ahnen übertragen wurden, erfolgreich auf. Peter fasste wieder Vertrauen und konnte sich über Sport und die Verbindung zur Natur innerlich stärken. Er entschied, sein Haus zu verkaufen und sich von seinem ganzen Besitz zu trennen. Mit Hilfe eines Anwalts arbeitete er an seiner Rehabilitierung. Das Institut, bei dem er arbeitete, erklärte sich sogar zu einem Aufarbeitungsgespräch bereit. So kam es zu einem klärenden Gespräch mit dem verantwortlichen Personalchef. Auch ich wurde zu diesem Termin geladen, doch zu unser aller Enttäuschung wurde die erhoffte Rehabilitierung leider nicht ausgesprochen.

Erst zwei Jahre später fand Peter eine neue Tätigkeit bei einem Finanzinstitut und durch diese Einstellung erfuhr er seine Rehabilitierung. Heute ist Peter die Ruhe selbst. Er hat alles hinter sich gelassen und mit der Vergangenheit Frieden geschlossen.

Thema 10: Schulden, Geldschulden, Verschuldung und deren Folgen

Jemandem etwas schuldig sein

Uralte Hauptthemen: Geldnot, Mangel, Schuldgefühle, schlechtes Gewissen, für ein unerreichbares Ziel arbeiten, Unzuverlässigkeit, verlieren, nichts behalten können

Achim, ein gestandener Mann Anfang fünfzig, hatte immer Schulden. Sein Leben lang kämpfte er ums Geld, aber nicht wie andere, die immer nur wenig zur Verfügung haben. Achim war Immobilienmakler und gut in dem, was er tat. Immer wieder kamen große Provisionszahlungen, von denen er locker ein Jahr hätte leben können. Aber es schien wie verhext, denn binnen weniger Wochen war das ganze Geld weg, und er musste sich neues borgen. Und so wuchs das Dilemma. Sobald er etwas verdient hatte, musste er es gleich wieder an seine Gläubiger abgeben und erneut Schulden machen, um über die Runden zu kommen. Dabei lebte Achim nicht verschwenderisch – im Gegenteil. Er fuhr schon seit zehn Jahren dasselbe Auto, für seine Wohnung hatte er schon ewig keine Anschaffung mehr gemacht und auch für Kleider gab er nicht viel Geld aus. Doch trotz seiner Bescheidenheit kam Achim finanziell nie auf einen grünen Zweig. Man hätte meinen können, er sei vom Pech verfolgt. Je älter er wurde, umso mehr fiel ihm auf, dass nun auch die langjährigen Geschäftspartner ihre Zahlungen zurückhielten und er seinem Geld hinterherlaufen musste. Wie ein Bittsteller fühlte er sich. Achims Leben ließ sich am besten mit dem Satz beschreiben: »Wie gewonnen, so zerronnen!«

Trotz seiner finanziellen Misere war Achim ein Mann, der gern gab. Er liebte es, Menschen glücklich zu machen, und hatte Spaß daran, anderen eine Freude zu bereiten. Er führte zwar keine langen Beziehungen, aber hin und wieder eroberte er das Herz einer Frau. Die große Liebe war das nie, aber er behandelte die Frauen respektvoll und kümmerte sich um sie, wenn sie ihn brauchten. Achim hielt sein Geldproblem immer geheim, und so verkörperte er nach außen einen erfolgreichen Mann, der er aber nicht war. Er befand sich in den roten Zahlen, und sein Konto wurde mehrfach gepfändet. Ein Wunder, dass er immer noch in seiner Wohnung wohnte. Aber er war ein sympathischer Typ, dem man gern Glauben schenkte. Und da sein Vermieter ihn mochte, drückte er auch mal ein Auge zu, wenn die Miete nicht pünktlich kam.

Achim wusste um sein Problem, und da sich die Schlinge um seinen Hals immer weiter zuzog, kam er mit der Bitte um Hilfe zu mir. Er beteuerte, ein ehrlicher und aufrichtiger Mensch zu sein, der immer versucht hatte, seine Schulden zu begleichen.

Aber äußere Faktoren haben ihm ständig Steine in den Weg gelegt. Ich erklärte ihm, dass Schulden im Allgemeinen auch immer etwas mit einer nicht abgegoltenen Schuld zu tun haben. Wir suchten gemeinsam nach Gründen, die Schuldgefühle in ihm hervorgebracht haben könnten, aber wurden außer einer kleinen Jugendsünde nicht fündig. So war es offensichtlich, dass seine Schulden noch offene Rechnungen und noch nicht ausgeglichene Schulden aus der Vergangenheit betrafen, die bis heute wirkten. Es ging also um die Fragen: »Wofür wurde ich schuldig gesprochen? Was und wofür soll ich bezahlen? Welche Schuld muss ich begleichen – für wen und für was?«

Wir machten die Neutralisierungsarbeit »Fremdenergien«, und Achim fühlte sich erleichtert. In den Folgemonaten kamen wieder regelmäßige Zahlungen und es war ihm möglich, seine Schulden zurückzuzahlen und sogar noch etwas auf die Seite zu legen. Eine längst überfällige Zahnbehandlung konnte er durchführen lassen und sein großer Traum, nach Asien zu reisen, rückte in greifbare Nähe.

Achim hatte einen alten Bann durchtrennt und sein neues Leben war der Beweis, dass nicht die äußeren Dinge der Grund seiner Misere waren, sondern sein Informationsfeld diese Situationen angezogen hatte.

Thema 11: Sabotage, Störung, Zerstörung und deren Folgen

Fremdgesteuert handeln und sich selbst zerstören

Uralte Hauptthemen: Gefühlsausbrüche, Streitsucht, Suchtverhalten, Unzuverlässigkeit, destruktives Verhalten, kurzfristige Absagen, Beschuldigung, Besserwisserei

Silvia war seit zwanzig Jahren starke Raucherin. Sie hatte bereits viele Therapieversuche unternommen, besuchte auch Geistheiler, doch nichts davon befreite sie wirklich. Natürlich war ihr inzwischen klar, dass das Rauchen mit einem Gefühl des Mangels zu tun hatte, der das Bedürfnis auslöste, sich mit etwas von außen füllen zu müssen. Es gab sogar eine Zeit, da schaffte sie es für ein ganzes Jahr, mit dem Rauchen aufzuhören, und es ging ihr so gut wie noch nie.

Silvia arbeitete für eine soziale Einrichtung und organisierte Selbsthilfegruppen. Die Arbeit mit Menschen machte ihr Spaß, und sie war sehr erfolgreich bei allem, was sie anpackte. Nur bei einer Sache nicht: das Rauchen endlich aufzugeben.

Niemand in ihrer Familie litt an irgendeinem Suchtproblem – nur sie. Sie bemerkte auch, dass sie immer wieder mit Menschen zu tun hatte, die starke Raucher waren. Obwohl sie selbst Raucherin war, ekelte sich vor dem Geruch. Er widerte sie förmlich an. Und so wuchs auch die Ablehnung ihrer eigenen Person, und ihr Selbstwert sank mit jeder Zigarette weiter in den Keller. Besonders schlimm war es, wenn Alkohol mit im Spiel war. Sobald sie am Wein nippte, steckte sie die Zigarette in den Mund. Auch wenn sie auf einer Party allein auf dem Balkon oder vor der Tür stand, egal. Es war dieses unbändige Verlangen in ihr. Sie sprach sogar von Rauchgeistern, so kam es ihr nämlich vor. Rauchgeister, die sie immer wieder übermannten und dazu zwangen, den grauen Dunst einzuatmen. Und wenn eine Zigarette zu Ende war, wurde schnell die nächste angezündet. Ein furchtbarer Kreislauf.

Abends hustete sie sich die Lunge aus dem Leib, und ihre Haut wurde fahl. Sie wollte sich nicht mehr so fühlen, zumal das Rauchen ihr inzwischen schadete. »Welcher Mensch tut sich so etwas an?«, fragte sie entmutigt. Es schien, als wäre sie fremdgesteuert.

Durch die Arbeit an der Lebenslandkarte stießen wir auf den Urgroßvater. Ihr fiel ein, dass man von ihm berichtete, er sei Kettenraucher gewesen. Er hatte deswegen sogar sein rechtes Bein verloren.

Erst mit der Neutralisierungsarbeit »Fremdenergien« verschwand das Bedürfnis nach Zigaretten und Silvia fühlte sich selbst neben Rauchern nicht mehr gedrängt, es ihnen gleichzutun. Sie ekelte sich auch nicht mehr, sondern nahm die Menschen, wie sie waren. Ihre innere Haltung hatte sich verändert, sie lebte nun aus ihrem wahren Wesenskern heraus und das, was sie tat, stimmte mit ihrer wahren Natur überein. Nach und nach verschwanden auch die Raucher aus ihrem Umfeld und mehr auf Gesundheit achtende Menschen traten in ihr Leben.

Das Rauchen war und ist ein Mittel, um sich zu benebeln. Aufgrund der Verengung der Blutgefäße erliegt man dem Irrtum, dass man sich entspannt. Das ist jedoch keine Entspannung, sondern ein Eindämmen der Wahrnehmung, weil man der Flut an Informationen, die auf einen einprasseln, entfliehen will. So dient das Rauchen der Betäubung. Man saugt an etwas, man klammert sich im Außen an etwas oder jemanden, der einem Glück und Sicherheit geben soll, weil man die eigene innere Kraft noch nicht lebt. Hier geht es um eine Suche nach Erfüllung von außen, ein Gefühls- und Verhaltensmuster, das übertragen wurde und das eigene Leben kontrolliert.

Zusammenfassung

Viele dieser Beispiele zeigen Verhaltensmuster, Überzeugungen, Handlungen, Gedanken und Gefühle, die heute nicht mehr zeitgemäß sind. Wir erleben sie zwar täglich, aber spüren genau, dass sie irgendwie nicht mehr in die moderne Welt passen. Mit dem Wissen, dass Informationen nicht verloren gehen, können wir uns all jene Themen, die nicht versöhnt, vergeben, neutralisiert oder in irgendeiner Form bereinigt wurden, bewusst machen.

An dieser Stelle möchte ich bemerken, dass aktuell besonders Erfahrungen aus dem Mittelalter verstärkt zutage treten. Das heutige Ausmaß an z.B. Steuer- und Wirtschaftsbetrug liegt tief verwurzelt in der Vergangenheit, und diese Themen sollten bereinigt werden.

Aufgrund der Dualität sind wir nicht nur Opfer oder Leidende, sondern in den Ereignissen spiegeln sich immer auch Teile von unseren eigenen Schattenseiten. Die Kernfrage dabei ist: **Was bin ich oder was bin ich eben nicht?** Fremdenergien zeigen uns demnach auf, was wir erstens weitergegeben bekommen haben und was zweitens noch in unserem Unterbewusstsein und in unserem Informationsfeld schlummert.

Eine dunkle, belastete Seele (Tyrann, Energieräuber, Energievampir, Narzisst, Egoist, etc.) etwa sucht sich immer eine helle Seele mit viel Liebe, um

- sich selbst zu befreien durch die helle Seele,
- durch die helle Seele an Licht und Liebe zu gelangen,
- die eigene Dunkelheit auszugleichen.

Der Tyrann (starke dunkle Wesenheiten) kann sich hinter einem freundlichen Wesen verstecken. Das Dunkle strahlt jedoch trotzdem durch. Es ist daher oft Vorsicht geboten bei sehr gutaussehenden Menschen, die übertrieben freundlich oder gar »süßlich« erscheinen bzw. auftreten.

Menschen, die besonders hell sind oder ganz viel Liebe in sich tragen, laufen Gefahr, von diesen dunklen Seelen oder Tyrannen angezogen zu werden. Es findet eine Art Missbrauch statt, weil die dunklen Seelen die Schönheit der Liebe wollen, die sie selbst nicht haben. Belastete Seelen nutzen dabei auch den Zugang über die passiven Tore des Sexual-Chakras, oder sie erkennen das offene aktive Tor des Sexual-Chakras und suchen dadurch Zugang, um eine Abhängigkeit zu schaffen über die Sexualität. Sie täuschen über die Sexualität Liebe vor, um darüber und dann auch über Geldthemen oder die Ängste die helle Seele in eine Art Abhängigkeit zu bringen. Die helle Seele wird dadurch unsicher, weil sie mit dunkler Energie vereinnahmt wird und meint, Dinge aus der Liebe tun zu müssen, bis sie ganz in diese Abhängigkeit verstrickt wird und die belastete Seele sie vollends vereinnahmt hat.

Erkennt die helle Seele, dass etwas nicht stimmt, wird sie sofort von der dunklen Seele unter Druck gesetzt. Die belastete Seele lähmt, macht wie ohnmächtig durch ihre schwere, negative Energie. Die helle Seele verharrt, kommt nicht los und wird regelrecht beherrscht, unterdrückt, eben tyrannisiert, ja fühlt sich sogar wie fremdgesteuert. Die belastete Seele achtet immer auf die Abhängigkeit, damit sie die helle Seele nicht verliert.

Sobald eine andere helle Seele zu nahe kommt, spürt die belastete Seele Gefahr und bekämpft diese helle Seele. Sie redet dann oft schlecht von der anderen hellen Seele oder will von ihr ablenken.

Im Zuge des Gesetzes der Resonanz ziehen sich die hellen Seelen an. Sie fühlen die starke Energieverbindung zueinander. Über die passiven und aktiven Tore des Sexual- und des Herz-Chakras fließt von der einen hellen Seele zur anderen hellen Seele wahre Liebe. Es entsteht eine frei fließende Liebe zwischen den beiden hellen Seelen. Es kann drei Gründe geben, weshalb die helle Seele sich wieder zurückzieht.

a) Sie wird aus dem negativen Umfeld der anderen hellen Seele bekämpft.
b) Sie wird als Eigenschutz wieder abgezogen oder zieht sich wieder zurück, weil die andere helle Seele erst noch etwas lernen soll, was für ihre Entwicklung wichtig ist.
c) Die andere helle Seele soll erst noch ihre alten karmischen Themen auflösen, damit sie selbst wieder frei strahlen kann.

Die »verlassene« helle Seele spürt daraufhin eine Leere, die sie nun mit Liebe auffüllen muss. Sie beginnt damit, die verlorene Selbstliebe entweder als Seelenanteil wieder zurückzuholen oder die Selbstliebe wieder zu aktivieren. Gleichzeitig kann die Leere durch die Energieflussarbeit mit dem Zufluss von höchster Liebe zusätzlich erfolgen. Die helle Seele ist dann wieder stark genug, um sich danach von der dunklen Seele zu lösen, oder die belastete Seele hält die helle Seele nicht mehr aus, weil diese zu stark geworden ist, und lässt dann von ihr ab.

Als Unterstützung kann nun die Erdung in Zusammenarbeit mit einem Baum erfolgen, der das Schwere aufnimmt, es über seine tiefen Wurzeln von uns nimmt und abfließen lässt (→ Übung in Kapitel 7, Seite 148). Oder es kann direkt in den Auflösungsarbeiten (→ Kapitel 6, Seite 104ff., auch in meinem Buch »Herz-Resonanz-Coaching« beschrieben) erledigt werden. Die helle Seele kann nun erkennen, worin sie zuvor gefangen war, was sie sich selbst erschaffen hatte bzw. was sie von ihrer eigenen Familie oder von früheren uralten Leben mitbekommen hat, und kann nun ganz frei und klar werden.

Die Lösung ist nun:

- Die Vergebung an alle Personen und alles, was passiert ist, in die Liebe zu transformieren.
- Alles noch innerlich oder äußerlich zu reinigen, damit die Energiefelder ganz frei und die Zellerinnerungen ebenfalls neutralisiert sind.
- Alles, was auf immer und ewig ausgesprochen wurde (Verurteilungen, Gelübde, Schwüre, Eide etc.), loszusagen, aufzuheben und wieder freigesprochen zu werden.
- Alle Anhaftungen an Energieverbindungen, Besetzungen, Seelenanhaftungen abzutrennen, abzulösen und in die Versöhnung der höchsten Liebe und Gnade hinüberzuführen.
- Alle passiven und aktiven energetischen Tore, Vernetzungs- und Informationsstrukturen zu schließen und sich einen dauerhaften Schutz aufzuerlegen.
- Das Umfeld, Haus, das ganze Außen zu reinigen.

All das ermöglicht einen freien Fluss der Liebe von außen nach innen und umgekehrt. In Verbindung mit einer gefestigten Erdung können nun Wünsche, Visionen, Ideen und Ziele materialisiert und Wirklichkeit werden. Weil nun alles aus einer freien, wahren Liebe und positiven Energie heraus geschieht.

Kapitel 6: Die Ablösung und Neutralisierung von Fremdenergien

Die Neutralisierungsarbeit »Fremdenergien« ist das Herzstück dieses Buchs, das Ergebnis meiner praktischen Coaching-Arbeit und der vielen Feedbacks von Seminarteilnehmern und Kollegen. Herzlichen Dank an dieser Stelle für all die Beiträge und Ergänzungen. In diesem Praxisteil werden die zwei Themenblöcke **Ablösung fremdenergetischer Belastungen und Wesenheiten** und **Löschung bzw. Neutralisierung von uralten karmischen Themen** dargestellt. Die Ablösung von fremdenergetischen Belastungen bedarf eines ruhigen, seriösen und liebevollen Vorgehens. In der praktischen Arbeit im Coaching gehe ich in mehreren Arbeitsschritten vor:

- Schritt 1: Ablöse-Meditation, Befreiungsritual
- Schritt 2: Neutralisierungsarbeit »Fremdenergien«
- Schritt 3: Spezialarbeit »Verzauberungen und Verhexungen« *Empfehlung: Schritte 2 und 3 sind gekoppelt; für nachhaltige Tiefenwirkung bitte unbedingt beide ausführen!*
- Schritt 4: Spezialarbeit »Geld, Schulden« (optional)
- Schritt 5: Ablösung mit Clearing und Energieflussarbeit

Schritt 1: Ablöse-Meditation, Befreiungsritual

An dieser Stelle empfehle ich die Ablösungs- und Befreiungsrituale von Anton Styger aus Oberägeri (Schweiz). Anton Styger ist seit seiner Kindheit hellsichtig und kann die fremdenergetischen Belastungen bzw. Wesenheiten sehen. Er hat mit seinem großen Erfahrungsschatz diese wunderbaren, hochwirksamen Ablösungsrituale und auch Gebete zu spezifischen Themen erstellt.[2]

Lassen Sie sich nicht von dem Wort »Gebet« abschrecken. Anton Styger hat diese Gebete als Meditationen **religionsneutral** verfasst. Ich kann die Wirksamkeit seiner Ablösungsrituale bestätigen und empfehle Ihnen, diese als ersten Schritt durchzuführen.

Wie Anton Styger bestätigt, muss auch die Rückkehr dieser fremdenergetischen Belastungen ausgeschlossen werden. Dies erfolgt zwar mittels der Neutralisierungsarbeit »Fremdenergien« (→ Seite 110ff.), dennoch rate ich dazu, die fremdenergetische Belastung im Vorfeld von einer medial begabten Person abfragen bzw. ausmessen zu lassen. So können Sie bereits in der Vorbereitung das entsprechende Ablösungsritual auswählen.

Anton Styger zielt mit seinen Meditationen stark auf die Ablösung von negativsten, bösartigsten Urbelastungen und alten Leiden hin. In seiner umfassenden medialen Arbeit sind ihm jedoch auch neuere fremdenergetische Belastungen aufgefallen. Sie zeigen sich oft als »Implantate«, die sich gut tarnen, verschlüsselt sind und ein sehr achtsames Vorgehen in der Ablösungsarbeit erfordern.

Ich empfehle, nach erfolgter Neutralisierungsarbeit zusätzlich die Ablösemeditation »Befreiungsgebet für alte Leiden«[3] zu sprechen, damit auch das Verborgene auf Körperebene noch vollends aus den Zellerinnerungen neutralisiert werden kann. Außerdem sollte die nach der Neutralisierungsarbeit in Schritt 4 aufgeführte »Kurzmeditation nach der Neutralisierungsarbeit« (→ Seite 134f.) oder die Lichtmeditation von Anton Styger mit dem kristallinen Licht durchgeführt werden als Schutz und Versiegelung.[4] Anton Styger empfiehlt, die Lichtmeditation von Zeit zu Zeit zu wiederholen, damit sich die Schutzhülle immer wieder regenerieren oder erneuern kann.

Bewährte Ablösungs- und Befreiungsrituale bietet auch der Coach und Therapeut Kurt Meier.[5] Er beschäftigt sich schon seit Langem damit, dass während der vielen Inkarnationen, im Zeitverlauf des immer tieferen Abstiegs in die dichte physische Welt, unser Ego oder unsere Persönlichkeit mit anderen Menschen, Wesen, Institutionen und Organisationen Verträge und Vereinbarungen geschlossen hat. Das können Schwüre, Gelübde, Verträge mit Kirchen, Weihen, Einweihungen und ähnliche Rituale gewesen sein. Es waren spontane Verträge anlässlich traumatischer Ereignisse oder auch wohlbedachte Verträge, von denen wir uns einen Vorteil wie z.B. Macht erhofften, die uns jedoch immer begrenzten und manipulierten. Zu diesen Verträgen wurden uns oft Manipulationen, Implantate, Anzapfungs- und Verbindungskanäle installiert, die uns unter anderem gesundheitlich, emotional oder in unserer spirituellen Entwicklung hindern. Wenn wir uns mit unserer klaren Absicht für unsere persönliche Rückkehr zu unserem »höchsten Sein« und der damit verbundenen spirituellen Entwicklung entschieden haben, können wir diese Verträge und Konstrukte auflösen. Kurt Meier empfiehlt, dafür folgende Befreiungsmeditation durchzuführen. Bitte sprechen Sie diese Meditation:

Auflösung von Verträgen bzw. von Verträgen mit installierten Manipulationen

- Ich komme zur Ruhe. Und gehe in mein Herz.
- Ich lächle meinem Herzen zu, in Liebe und Dankbarkeit.
- Ich atme einmal tief ein und aus.
- Mein Herz und alle meine Systeme sind weit geöffnet und ich fühle bedingungslose Liebe und strahle sie in die Welt hinaus.
- Auch wenn ich nicht weiß wie, bin ich nun verbunden mit meinem »höchsten Sein« und mit der göttlichen Quelle. (Einmal tief ein- und ausatmen.)
- Im Licht meiner Absicht und meiner bedingungslosen Liebe wende ich mich jetzt meinen Verträgen mit anderen zu, die jetzt im Licht meiner Absicht und meiner bedingungslosen Liebe aufgelöst und erlöst werden.
- Ganz ausdrücklich wende ich mich den Verträgen und Vereinbarungen zu, die Folgendes zum Inhalt haben:
  - Die Verhinderung meines spirituellen Wachstums und meiner Bewusstseinserweiterung.
  - Die Verhinderung von finanzieller Fülle.
  - Die Verhinderung von Gesundheit, Heilung und Verjüngung.
  - Die Verhinderung von dauerhafter Lebensfreude, Leichtigkeit und Erfolg.
  - Die Behinderung der vollständigen Entfaltung meiner bedingungslosen Liebe und der vollkommenen Öffnung meines Herzens.

- Die Behinderung meiner Schöpferkraft und -macht.
- Die Behinderung meiner Wahrnehmungsfähigkeit mit meinem Herzen.

Es ist meine Absicht, alle Verträge und Vereinbarungen inklusive aller Kopien und Wiederinkraftsetzungsklauseln, die ich mit anderen abgeschlossen habe, um mich zu begrenzen, in dieser Zeitlinie und in allen anderen Zeitlinien in der Vergangenheit, der Gegenwart und der Zukunft und innerhalb aller Dimensionen, Ebenen, Räume und Realitäten für null und nichtig zu erklären, sie aufzulösen und zu transformieren und von allen alten Aufträgen und Aufgaben zu erlösen. Jetzt! Jetzt! Jetzt! (Einmal tief ein- und ausatmen.)

Ich löse und transformiere vollständig jede Form von dazu installierten Manipulationen, Implantaten, Anzapfungs- und Verbindungskanälen in dieser Zeitlinie und in allen anderen Zeitlinien in der Vergangenheit, der Gegenwart und der Zukunft und innerhalb aller Dimensionen, Ebenen, Räume und Realitäten und befreie sie von ihren alten Aufgaben und Aufträgen. Jetzt! Jetzt! Jetzt! (Einmal tief ein- und ausatmen.)

Es ist meine Absicht, mich von allen dazugehörigen Folgen wie Prägungen, Einstellungen, Identifikationen, Gefühls- und Gedankenmuster auf allen Ebenen in der Kraft des ewigen Bewusstseins zu befreien. Jetzt! Jetzt! Jetzt! (Einmal tief ein- und ausatmen.)

Es ist meine Absicht, alle meine Energien, die in diese Verträge und Vereinbarungen geflossen sind, und alle meine Seelenanteile zu mir in einem geheilten und transformierten Zustand zurückzuholen und durch mein Herzzentrum in meinem ganzen Sein zu integrieren. Jetzt! Jetzt! Jetzt! (Einmal tief ein- und ausatmen.)

- Ich anerkenne meine Meisterschaft und nehme wahr, dass ich ein großes und liebevoll-mächtiges gott-menschliches Wesen bin.
- Aus meinem Herzen entspringt die Energie der Fülle, des Erfolgs, der Selbstheilung, der Leichtigkeit und der Freude. Ich nehme diese Geschenke an und setze sie in meinem Leben um.
- Danke! Danke! Danke!
- Ich komme langsam in mein Tagesbewusstsein zurück und öffne meine Augen.[6]

- Vor jedem Ablösungsritual empfiehlt es sich, einen oder Ihren persönlichen Geisthelfer anzusprechen, damit die passenden Übersetzungen für diese fremdenergetischen Belastungen erfolgen.
- Besonders bei Ablösungen von Astralbelastungen oder starken dunklen, negativen Energien ist eine klare, männlich orientierte Ansprache anzuraten.
- Sollte sich nach dem Ablösungsritual noch kein »Leere- oder Leichtigkeitsgefühl« einstellen, empfehle ich den Vorschlag von Anton Styger, die Fremdbelastungen noch energischer zum Verschwinden aufzufordern oder ein professionelles Clearing von Spezialisten durchführen zu lassen.[7]

Die Ablösungsrituale allein haben oft schon eine große Wirkung. Aus Erfahrung sollte unmittelbar danach – als zweiter Schritt – die Neutralisierungsarbeit »Fremdenergien« erfolgen. Ablösungsrituale und Neutralisierungsarbeit greifen ineinander. Das ist wichtig, da die Sabotage- und Zerstörungsprogramme, deren Verschlüsselungen/Entschlüsselungen,

Sicherungskopien samt Wiederherstellungen für immer gelöscht und die Rückkehr der fremdenergetischen Belastungen ausgeschlossen werden sollten. Wenn dies nicht ausgeführt wird, kann es passieren, dass sich nach kurzer Zeit wieder der vorangegangene Zustand einstellt.

Schritt 2: Neutralisierungsarbeit »Fremdenergien«

Diese Neutralisierungsarbeit fasst alles zusammen und neutralisiert alle Themen und Gefühle von früher, die auf immer und ewig ausgesprochen wurden. Zudem erfasst diese Neutralisierungsarbeit die oben bereits beschriebenen Sabotage- und Zerstörungsprogramme, den Ausschluss ihrer Wiederinbetriebnahme, den Ausschluss der Rückkehr von fremdenergetischen Belastungen, die Abtrennung von Informations- und Vernetzungsstrukturen und die Freisprechung von allem, was auf immer und ewig ausgesprochen wurde.

Vorarbeit: Eigene Erkenntnissammlung

Mit dieser einfachen Vorarbeit können Sie Fremdenergien sammeln und sich bewusst machen:

1. Schreiben Sie auf, welche skurrilen, merkwürdigen und unerklärlichen Themen in Ihrem Leben vorkommen. Dies können Konflikte in Ihrer Familie, Ihrer Partnerschaft, dem Freundeskreis, im Bereich der Sexualität oder in der Berufswelt sein.

2. Schreiben Sie sich zu den Themen auch Ihre Gefühle auf. Über die Resonanz der Gefühle kommen Sie schneller an die eigentliche Ursache heran.
3. Erkennen Sie, wie Sie selbst sind. Schreiben Sie zusätzlich auf, was Sie daran stört:
   a) Würden Sie auch so handeln? (Die Dinge passieren Ihnen, weil das, was Ihnen im Außen geschieht, die Spiegelung Ihres eigenen Innenanteils ist.)
   b) »Ich bin ganz anders« – wie sind Sie denn?
4. Legen Sie nun Ihre Sammlungen auf die Seite, und gehen Sie weiter zur Hauptarbeit. Wenn Sie dort am Ende weitere Bereiche einschließen, können Sie Ihre hier gesammelten Themen und Gefühle aufgreifen.

Hauptarbeit: Neutralisierungstext schreiben und ergänzen mit Vorarbeit

Nehmen Sie sich für diesen Teil anderthalb bis zwei Stunden Zeit. Schalten Sie alle Telefone und am besten auch Ihre Haustürklingel ab.

Sie können sich den nachfolgenden Text selbst vorlesen und ihn schreiben, oder Sie lassen ihn sich von einer Person Ihres Vertrauens diktieren. Durch das Hören und nachfolgende Schreiben habe die Worte eine stärkere Wirkung. Bleiben Sie beim Schreiben einfach dabei, auch wenn es zu Beeinflussungen oder Ablenkungen kommt. Bleiben Sie konzentriert bei sich, und sagen Sie sich: »Ich bin jetzt ganz in der Liebe und schreibe den nachfolgenden Text nun in aller Ruhe ab.«

Einleitung und Hauptteil

In Liebe danke ich der Allmacht und Güte der universellen (höchsten) Liebe, dass jetzt **alle auf immer und ewig, niemals,**

durch niemanden auflösbar und für immer bestehend negativ ausgesprochenen, gedachten, gefühlten, gehandelten, empfundenen, verschlüsselten, programmierten, geheimen, schwarzmagischen Themen, die heute noch bestehen und in mir oder durch mich wirken, wie:

- alle Arten von religiösen, sektenartigen, kirchlichen, klösterlichen, staatlichen, gesellschaftlichen, geheimen, familiären, heute nicht mehr bekannten, Armuts-, Ehe-, Enthaltsamkeits-, Keuschheits-, Abstinenz-Gelübden, Verpflichtungen zur Bescheidenheit, Sakramenten der Taufe, Konfirmation bzw. Firmung, Beichte, Ehe, Kommunion, Einsegnungen vor Kirchenzutritt, Weihen, Krankensalbung bzw. Letzte Ölung inklusive aller negativen soziokulturellen landsmannschaftlichen Gelöbnisse, Vereidigungen, Handlungen seitens meiner Ursprungsfamilie,
- alle Arten von Eiden, Fahneneiden, Schwüren, Abschwörungen, Zeremonien, Einweihungen, Entbehrungen, Abdankungen, Verweigerungen, Entsagungen, Mäßigungen, Selbstkasteiungen, Askese, Verzicht, Verachtung, Missachtungen, Isolationen, Abschirmungen, Abschottungen, Bevormundung, Marter, Martyrium,
- alle Arten von damit in Verbindung stehenden Versprechen, Zölibaten, Regeln, Normen, Verboten, Verordnungen, Anordnungen, Verfügungen, Befehlen, Zusprüchen, Anbindungen, Pakten, alten noch offenen oder gebrochenen Verträgen, Vereinbarungen und Abkommen, Handlungen der Inquisition, Vorschriften, Geboten, alten Gesetzen, Mythologien, Vereinbarungen, Zwangsheiraten, zweckgebundener Heirat, Bündnissen inklusive deren Brüchen und
- alle damit in Verbindung stehenden vergangenen menschlichen Rollen, Masken, Identitäten, Existenzen

als Mann oder Frau, Opfer oder Täter oder Retter, die wechselweise von mir oder anderen gelebt wurden, auch aus Vereinen, Zirkeln, Geheimbünden, Konspirationen, Geheimdiensten und Blutsbruder- oder Schwesternschaft,

- alle Arten von negativen Programmierungen, Störungen, Sabotage, Blockaden, Torpedierung, Ruin, Gehirnwäsche und Zerstörungen, die erlebt oder gemacht wurden, inklusive Selbstzerstörungen, innen und außen sowie
- alle Arten von Zerstörungs-, Sabotage-, Zwangs-, Trigger- und Steuerungs-Programmen auch von hochintelligenten informationellen Systemen, deren Funktionen, Codierungen, Einprägungen, Fragmentierungen, Hologramme sowie deren Wiederherstellungen, Wiederinbetriebnahmen, Wiederinstandsetzungen, Alarmmeldungen, Vereitelungen inklusive aller dazugehörigen Sicherungsspeicherungen und Entschlüsselungen und Verschlüsselungen, Verstrickungen, Verwirrungen, Vernichtungs- und Vernetzungsstrukturen,
- alle Arten von negativen Urbelastungen, Seelentransformationen, unsichtbar wirkenden negativen bösartigen Verhexungen, Verzauberungen, verzauberten Verhexungen, bösartigen Verzauberungen, Selbstverzauberungen, Verwünschungen, Verfluchungen und starken negativen schwarzmagischen Ritualen, Handlungen, Einflüssen, Wirkungen, Kräften und all deren Verstrickungen,
- alle Arten von Selbstblockaden, -verschlüsselungen, -ablehnungen, -unterdrückungen, -täuschungen, -betrug, -beschränkungen, -begrenzungen, -verurteilungen, -schädigungen, -verleugnung, -bestrafungen, -verfluchungen, -verurteilungen, -beschuldigungen, -verwünschungen, -programmierungen, -verdammnissen und

alle Synonyme zu den vorher genannten Worten von mir selbst, von allen früheren Generationen, allen Inkarnationen, allen negativen Fremdenergien, Energieräubern sowie alle Wiederinstandsetzungsklauseln, Reproduzierer, Verschlüsselungen, die Wiederrückkehr von jeglichen Arten von irdischen und universellen Fremdenergien, inklusive aller Sicherungsspeicherungen ...

... die direkt in meinem Herzen, Gehirn, in meinem Energiekörper oder in energetischen Blaupausen gespeichert sind oder in mir oder auf mich wirken, werden jetzt für immer außer Funktion gesetzt, unwirksam, gelöscht und ersetzt mit kristalliner Lichtenergie. Jegliche Wiederinstandsetzung von jeglichen Programmen und Alarmmeldungen sowie jegliche Wiederrückkehr von jeglichen Arten von Fremdenergien sind ab jetzt und in alle Zukunft ausgeschlossen.

Im Weiteren soll alles im Zusammenhang mit

- [optional] dem Gefühl, keine von tiefer Liebe getragene Partnerschaft leben zu dürfen,
- [optional] dem Gefühl, verpflichtet zu sein, für ein unerreichbares Ziel tätig sein zu müssen und dafür auch noch kein Geld verlangen oder erhalten zu dürfen,
- allem, was patriarchalische, drängende, bedrängende, bestimmende, belehrende, dominante, autoritäre Lebensweisen, Handlungen und Macht angerichtet haben wie alle Arten von Unbarmherzigkeiten oder unbarmherziges Handeln, die erfahren wurden, falsch heraufbeschworene göttliche Gesetze,
- der Inquisition, Inquisitionsverfahren, Hexerei, Hexenverfolgung und den Folgen dieser negativen Handlungen und Ausführungen,

- allen Arten von schwarzmagisch schädigenden Kräften aus Verfluchungen, Verwünschungen, Verhexungen, Verzauberungen, Zaubern,
- allen Arten von Intrigen, Diskriminierungen, Ungerechtigkeiten, Unehrlichkeiten, Unwahrheiten, Unsicherheiten, Vertrauensverlusten, Verlogenheit, Falschheit, Flüchen, Verfluchungen, Verrat, Entwürdigungen, Trennungen, Nicht-angenommen-Werden, Bevorzugungen, Benachteiligungen, Vorenthaltungen, Ablehnungen, Verlassenwerden, Ausgrenzungen, Verdammnis, Unversöhnlichkeiten, Schamgefühlen, Neid, Eifersucht, Missgunst, Vereitelungen, Verdammnis, der Abgabe oder Abschiebung von Verantwortung,
- allen Arten von Verleumdungen, Verleugnungen, Nachstellungen, Rache, Druck, Widersprüchen, Übeltaten, innerer Zerrissenheit, Verwirrungen, Verstrickungen, Projektionen, Manipulation, Drohungen, Bedrohungen, Bedrängungen, Verfolgungen, Hassgefühlen, unerfüllten Erwartungen, Versprechungen, Hinhaltungen, Nötigungen,
- allen Arten von Lügen und Betrug, List und Tücke, Schwindel, Verschuldungen, Schuld, noch offenen Bürgschaften und Vorschüssen, Schuldgefühlen, Geldschulden, Geldmangel, noch offenen Geldverpflichtungen, ungerechtfertigten Bereicherungen, nicht Zurückgegebenes, Schuldscheinen, verheimlichter und bis heute nicht offengelegter Schuld oder Unschuld, Nichtverschulden, Schuldzuweisungen mir selbst und anderen gegenüber, Diebstahl, Unrechtschaffenheiten, Verlusten an Geld und Eigentum, Enteignungen, entzogener Mündigkeit, Bußen, Sühne, Geiz, Habgier, Korruptionen, Erpressungen, Verbindlichkeiten, Verlusten,

- allen Arten von Verachtung des Weiblichen, Folgen von negativen Ritualen, Bürden, Zwängen, Gängelei, Erschütterungen, Verderben, Miseren, Lasten, Leiden, Qualen, Feindseligkeiten, Übel, Ekel, Grausamkeiten, Folter, Verbrechen, Verstößen, Verschwörungen, Skrupellosigkeiten, Schamlosigkeiten, Brutalitäten, Rücksichtslosigkeit, Respektlosigkeit, Engstirnigkeit, Zweifel, Verzweiflung, Verbitterung, Komplotten, Bannsprüchen, Bannzaubern, skurrilen und dubiosen Geschehnissen, Beleidigungen, Verhöhnungen,
- alle Geheimnisse, alles Geheime, geheim Gehaltene, Verheimlichungen, Vertuschungen, Geheimschriften, Versiegelungen, die bis heute noch nicht aufgedeckt, entschlüsselt, gelöst oder mitgeteilt wurden,
- alle Arten des Sich-Versteckens, Sich-verstecken-Müssens, Feststeckens, Festgehalten-Seins, Sich-tarnen-Müssens, Sich-gefangen-Fühlens, Gutes-von-mir-Fernhaltens oder des Mich-hermetisch-Abriegelns, von Gefängnis, Furcht und Angst, sein Leben oder Eigentum zu verlieren,
- allen Arten von geschaffenen Abhängigkeiten, Klammern, Resignation, gebrochenem Willen, Erniedrigungen, Klein-Machen, Klein-Halten, Aggressionen, Unterdrückungen, Vereinnahmungen, Vereinnahmend-Sein, Erduldungen, Entmündigungen, Einschüchterungen, Bloßstellungen, Demütigungen, Machtlosigkeit, Hilflosigkeit, Handlungsunfähigkeit, Hartherzigkeit, Begrenzungen, Beschränkungen, negativen und magischen Hinterlassen- und Machenschaften, Täuschungen, Konstruktionen, Scheinheiligkeiten, Hinterlistigkeit, Hinterhältigkeit, In-eine-Falle-gelockt-Werden, Vor-vollendete-Tatsachen-Stellen, körperlichen und emotionalen unerlösten Schmerzen, Narben, Vergiftungen, Nöten,

Elend, Traurigkeit, Trauer, Respektlosigkeit, Verbannungen, Ächtungen, Schmach, Missbräuchen, Misshandlungen, Verletzungen jeder Art und Form, Unterordnung, Unterwürfigkeit, Übergriffigkeiten, Grenzüberschreitungen,

- allem Negativen, was Untergebenen, Unterworfenen, Unterlegenen, Leibeigenen passiert ist,
- allen noch offenen, nicht abgeschlossenen karmischen Zyklen und Kreisen,
- allen Arten von Urteilen, Vorverurteilungen, Verurteilungen, Fehlverurteilungen, Falschaussagen, Falschdarstellungen, Be- und Anschuldigungen, Strafen, Bestrafungen, Vergeltungen, Vereitelungen, Über-andere-Bestimmen oder Bestimmt-Sein, die durch mich oder andere Personen erfolgt sind,
- allem zu Auflehnung, Flucht, Krieg, Kampf, Kämpfen und deren katastrophalen Erlebnissen, Schocks, Traumata,
- allen negativen chronischen, tief sitzenden, tief verwurzelten, unnennbaren Ängsten, Angst vor der Angst, Emotionen, Gedanken, Gedankenmuster, Glaubenssätzen, Glaubensmustern oder Implantaten, die mich heute noch blockieren, inklusive
- allen negativen Suggestionen und Blockaden zur Sexualität durch Glaubenssätze oder Implantate, sowie allem, was geschehen ist durch misshandelnde, kränkende, derbe, verruchte, Reize missbrauchende, triebhafte Sexualität, Sex ohne Liebe und deren Folgen wie Untreue, Fremdgehen, Missbräuche, Sexualität parallel zur Ehe, Unzucht, Ehebruch, Leistungsdruck für Liebe als Gegenleistung,
- allem Negativen, das durch ein zu hohes, stolzes Ego, Narzissmus, Ignoranz, Arroganz, Tyrannei, Opferhal-

tung, Ablenkung, Rechthaberei, Besserwisserei, Überheblichkeit, Opportunismus, Verbohrtheit, Dogmatismus verursacht wurde,

- allen Leiden, Verbindlichkeiten und negativen Energien, die ich durch meine Ursprungsnamen oder weitere Vornamen, Spitznamen, angeheiratete Namen oder Personen mit übernommen habe,
- allen Dysbalancen, Disharmonien, Unausgeglichenheiten, Unterfunktionen, Überfunktionen,
- allem, was durch Kontrolle und Macht durch dunkle negative Energie an meinem Energiekörper verursacht wurde und dazu führt, dass ich mich abgeschnitten fühle von meinem Selbst und der Spiritualität, dass ich den Glauben an die Liebe verloren habe,
- allen restlichen Schattenseiten, die es auf oder in mir gibt, die ich nicht sehe oder nicht sehen kann, sowie allem Schweren, das mir energetisch weitergegeben worden ist und heute noch an mir haftet, wirkt oder sich eingenistet hat,
- allen Arten von negativen Zugriffen über passive und aktive Tore, Portale, Zugänge, Rohre, Energieverbindungen, Personenschnüre inklusive deren inneren Verwurzelungen und Verwirrungen aus allen früheren Inkarnationen, Ebenen und Dimensionen sowie über alle negativen Zugänge, Einfallstore, Portale, Funktionen hochintelligenter informationeller Systeme, negativer energetischer Vernetzungs- und Informationsstrukturen sowie Energieverbindungen zum Universum, allen lebensbedrohlichen und lebensfeindlichen Energien, deren Wirkungen von Wesenheiten, dunkler Energie und Magie und Universen aus allen Zeiten herrührt

... jetzt abgetrennt, verschweißt und mit kristalliner Lichtenergie ersetzt werden. Jegliche Wiederinstandsetzung und Reproduzierer sind ausgeschlossen.

Außerdem schließe ich in die Neutralisierung auch alles ein,

- was ich bereits in der Vorarbeit erarbeitet bzw. gesammelt habe und was damit im Zusammenhang steht, und
- was ich diesbezüglich nicht weiß oder nicht benennen kann, was verdrängt oder unterdrückt wurde, was mich bis heute noch belastet oder blockiert, sowie alle Synonyme zu den zuvor genannten Begriffen.

Schlussteil

Vergebung und Versöhnung erfolgen jetzt nach allen Seiten für alles, mit allem und allen: Ich vergebe mir selbst, allen früheren Generationen, allen Männern, Frauen, Kindern und Tieren, denen ich etwas angetan habe oder die mir etwas angetan haben, vollständig bis ganz zurück zum Ursprung **aus jeder Zeit, aus allen Ebenen, Dimensionen, Universen** und akzeptiere mich als ein liebevoller Mensch.

All das Genannte, was ich selbst erlebt und erzeugt habe, und alles,

- was Egoismus und fehlende Selbstliebe angerichtet haben, genauso wie Überzeugungen, die nicht der wahrhaftigen Liebe entsprechen,
- was dunkle Energie von allen spirituellen Dimensionen negativer Wesenheiten und alle Anhaftungen aus allen karmischen Verbindungen (Ketten, Stricke, Verletzungen im Kampf), Leidenselementale, Strukturen, von Ahnen, fremden Personen, Seelenanhaftungen ausgelöst hat,

was alle Arten von negativen, mich blockierenden starken dunklen irdischen und universellen Fremdenergien und schwarzmagisch schädigenden Kräften wie Besessenheiten, Besetzungen, Wesenheiten, Energieräuber, Umsetzungen, Um-, An- und Belagerungen und die Folgen von deren Angriffen, Projektionen und dunklen Energiehüllen – um mich herum bis ganz zurück zum Ursprung meines Seins – **in jeglicher Art, Weise, Form und Wirkung aus allen Inkarnationen, Ebenen, Dimensionen, Universen angerichtet haben mit allen Aus-, Wechsel- und Nebenwirkungen und alle noch offenen negativen karmischen Zyklen**

werden jetzt entschlüsselt, aufgedeckt, entlarvt, enttarnt, entzaubert und für alle Zeit durch die Allmacht der höchsten Liebe und deren Helfer in Liebe und Respekt von mir **abgetrennt, abgelöst, gelöscht, verschlossen, vergeben, neutralisiert** und sofort hinübergeführt zur Versöhnung, Läuterung und Rehabilitierung in die Güte und Allmacht der höchsten Liebe.

Ich, [Vorname und Nachname], bin jetzt davon **auf immer und ewig** losgesagt, enthoben, entbunden, freigesprochen und von jeglicher Schuld, dunkler und grauer Energie und all deren Verstrickungen und schwarzmagischen Verstrickungen befreit, entlassen, rehabilitiert und ganz neutral.

Ich bin wieder GANZ und erhalte jetzt die höchste Befreiung, Loslösung, Immunität und den Schutz der höchsten Liebe ab jetzt und in aller Zukunft.

Der Ursprungszustand meiner Seele wird jetzt wiederhergestellt.

Meine verloren gegangenen Herz-, Liebes- und Seelenanteile können jetzt wieder energetisch gereinigt zu mir zurückkehren. Ich bin aufrichtig und wiederverbunden mit der Ursprungskraft der höchsten Liebe.

Danke. Friede und Liebe sind FREI in mir und mit allem, was ist und war.

So ist es ab jetzt und für alle Zeit, wie es im Ursprung immer schon war. Ich bin frei, frei, frei.

[Datum und Unterschrift]

Glaubensrichtungen, Religionen und Hilfe durch Geisthelfer

Diese Neutralisierungsarbeit ist religions- und glaubensneutral erstellt worden. In jeder Religion gibt es eine höhere Macht oder höhere Kraft. Oft wird diese als Gott bezeichnet und hat in jeder Religion und Glaubensrichtung einen anderen Namen. Im Grunde genommen ist es in allen Religionen gleich – es geht um die höchste Liebe! Es gibt nichts Stärkeres als die höchste Liebe und sie kennt nichts Negatives. Daher kann sie als höchste Kraft bezeichnet werden. Die Wirkkraft der höchsten Liebe anzusprechen und zu nutzen, darauf basieren diese Neutralisierungsarbeiten.
Um eine stärkere Wirkung zu erzielen, binden wir in diese Neutralisierungsarbeit die Erzengel und die höchste universelle Liebe mit ein. Die Bitte zur Abtrennung, Auflösung und Ablösung kann dabei direkt an diese Erzengel, an eine geistige/religiöse Persönlichkeit oder die universelle/höchste Liebe erfolgen.

Betrachtet man die Erzengel quantenphysisch, so sind sie Energiefelder mit spezifischen Ausprägungen, Eigenschaften, Schwingungen und unterschiedlichen Informationen. In der Quantenphysik ist alles Energie und alles ist mit allem verbunden. Sie können daher nur gewinnen, wenn Sie diese Hilfe nutzen und dafür danken.

Dr. Lothar Hollerbach schreibt dazu in seinem Buch »Der Quanten-Code«: *In dieser unsichtbaren, geistigen Welt, die der Naturwissenschaft nur bruchstückhaft zugänglich ist, wirken nach dem Wissen der alten Weisen und Wahrheitsforscher göttlich-geistige Wesen, die in der westlichen Kultur als geistige Hierarchien bezeichnet werden. Erzengel existieren in diesen Hierarchien und können für uns als unsichtbare Helfer wirken.*[8]

Schritt 3: Spezialarbeit »Verzauberungen und Verhexungen«

Wenn Ihnen Unerklärliches geschieht und Sie das Gefühl haben: **Das ist doch wie verhext**, dann sollten Sie diese Neutralisierungsarbeit bitte unbedingt durchführen. Verhexungen oder Verzauberungen sollen oft unentdeckt bleiben und wurden/werden mit einem Zauber belegt, der sie als vermeintlich positive Energie tarnt. Menschen, die aus der Vergangenheit noch negative Verträge, Pakte, gebrochene Schwüre, Strafen und Bestrafungen mit sich tragen, sind oftmals belegt mit Verhexungen. Verzauberte Verhexungen oder bösartige Verzauberungen haben einen falschen »goldenen« Zauber. Dahinter liegen negative Portale, Zugänge, Zugriffe von dunklen Kräften, die darüber manipulativ auf diesen Menschen wirken. Diese verzauberten Verhexungen oder bösartigen Verzauberungen sind als niemals und durch niemanden auflösbar, für immer bestehend, undurchsichtig, geheim oder nicht auffindbar ausgesprochen worden. Nur die Allmacht der höchsten Liebe kann sie auflösen und versöhnen.

Ergänzungsarbeit »Verzauberungen und Verhexungen«

Bitte führen Sie die nachfolgende Neutralisierungsarbeit in Ruhe durch, indem Sie sich den Text diktieren lassen oder ihn abschreiben:

In Liebe danke ich der Güte und Allmacht der höchsten Liebe, dass nun alle noch vorhandenen nachfolgenden geheimen, undurchsichtigen, unsichtbaren, nicht herauszufindenden Themen, Programme, Rituale, die nicht zu meinem höchsten Wohl sind, aus allen Handlungen und Aussagen von allen Arten von Verhexungen, Verzauberungen, bösartigen Verzauberungen, Selbstverzauberungen, Verwünschungen, Verfluchungen, schwarzer Magie, Pakten und Abkommen mit der Dunkelwelt, die: **auf immer und ewig, niemals und durch niemanden auflösbar und für immer bestehend** auf mich bzw. Seelenanteile von mir (oder die Person, für die ich das spreche) wie eine negative Spirale ausgesprochen wurden, aus der man nie wieder herauskommen soll, jetzt entlarvt, enttarnt, entschlüsselt, entzaubert werden, wie alles im Zusammenhang mit:

- allen noch offenen oder gebrochenen Verträgen, Pakten, Vereinbarungen, Abkommen, Schwüren, Schulden, Geldschulden, Blockaden von und auf Gelder und Finanzielles, Mangel, Verluste,
- allen Vereitelungen, Täuschungen, Verblendungen,
- allen Arten von Teufelskreisen,
- allen Arten von Unglück, Pech, Erfolglosigkeit und Wirkungslosigkeit der Arbeit,
- allem zu Unterwürfigkeit, Blockaden in der Liebe zu Mann/Frau,
- allen Arten von Rache, Strafen, Bußen, Bestrafungen, Hass, Missgunst, Heimzahlungen,
- allem Erhaltenen, ungerechtfertigterweise Bereichertem, nicht Zurückgegebenem, allen Altlasten, bis heute nicht offengelegter Unschuld, unerlösten Schmerzen (körperlich und emotional),
- allem Geheimen, Unsichtbaren und unsichtbar Blockierenden in diesem Zusammenhang,
- allem, was heute niemand mehr weiß, unterdrückt, verdrängt wurde und zu dem ich keinen Zugang habe inklusive aller Aus-, Wechsel- und Nebenwirkungen und deren Folgen,
- allem, was mich heute noch belastet oder blockiert
- und den **persönlichen Ergänzungen,** die mir noch dazu in den Sinn kommen und ich auch zu neutralisieren bitte,

einschließlich alle Arten von negativen grauen, dunklen Zugängen wie: Tore, Einfallstore, Portale, Personenschnüre inklusive deren innerliche Verzweigungen und Verästelungen, Druck-Kompressoren mit deren Verbindungen zu mir und deren Zugriffen, sowie alle Zugriffe, die noch hinter den Verhexungen, Verzauberungen, verzauberten Verhexungen, bösartigen Verzauberungen, Selbstverzauberungen, schwarzmagischen Handlungen, Ritualen und Pakten, Abkommen, Vereinbarungen liegen und damit in Verbindung stehen, blockierend und manipulativ wirken inklusive aller Arten von Kopien und Sicherungsspeicherungen. Sie werden jetzt abgetrennt, verschlossen und verschweißt, und die Trennstellen werden sofort aufgefüllt mit goldenem Licht.

Die Wiederherstellung, Wiederinstandsetzung, Wiederinstandsetzungsklauseln, Reproduzierer einschließlich der Sicherungsspeicherungen von all dem Genannten sind ausgeschlossen ab jetzt und in alle Zukunft.

Schlussteil

All das, was den mir anhaftenden Seelenanteilen oder mir selbst bis ganz zurück zum Ursprung meines Seins angetan wurde, und das, was sie anderen Menschen angetan haben, sei jetzt vergeben, entschuldigt und versöhnt nach allen Seiten für alles, mit allen und allem, was war und noch ist. Alle Verbindungen werden bereinigt, gereinigt, sind frei und werden aufgefüllt mit goldenem Licht.

All diese Seelenanteile werden nun durch die Allmacht der höchsten Liebe von mir abgelöst und hinübergeführt zur Läuterung und Befreiung in die Güte der höchsten Liebe. Es entsteht eine neue Verbindung, befreit von allen Arten von Belastungen der Vergangenheit und erfüllt von der höchsten Liebe.

All diese Seelenanteile können mich nun von heute an und für alle Zeit befreit unterstützen, mir helfen und mich begleiten in meinem Leben.

Ich, [Name], danke der Güte und Allmacht der höchsten Liebe, dass Du mich nun davon auf immer und ewig lossagst, enthebst, entbindest, entlässt, freisprichst und von jeglicher Schuld, grauer und dunkler Energie, schwarzmagischen Verstrickungen und allen noch geheimen, undurchsichtigen und nicht herauszufindenden Blockaden, Verstrickungen sowie allen negativen karmischen Zyklen, Verträgen, Pakten, Abkommen, Vereinbarungen befreist, diese abschließt, mich rehabilitierst und ich wieder rein und frei bin ab jetzt und in alle Zukunft.

All das sowie alles, was fremdenergetische Belastungen, Codierungen und Programme noch Negatives hinterlassen haben, wird eingehüllt in das Liebeslicht der höchsten Liebe, sofort gewandelt und ersetzt mit goldenem Licht. Der ganze Körper und Energiekörper, alle Freiräume, Leerstellen und Trennstellen werden sofort aufgefüllt mit goldenem Licht, damit jegliche Wiederbesetzung und Wiederkehr von jeglichen fremdenergetischen Belastungen ab jetzt und für alle Zukunft ausgeschlossen sind. Der Ursprungszustand im Sinne der höchsten Liebe wird wiederhergestellt, und eine energetische Grundreinigung wird jetzt durchgeführt.

Ich, [Name], bin ab jetzt und in aller Zukunft direkt mit der höchsten Liebe verbunden oder wiederverbunden und danke für die höchste allzeitige Immunität und den Schutz der höchsten Liebe. Ich danke für einen dreifachen Immunitätsschutz ab jetzt und in aller Zukunft.

Ich danke Dir für diese höchste Befreiung, Reinigung, Versöhnung und Vergebung nach allen Seiten, Ablösung, Immunität und Schutz der höchsten Liebe ab jetzt und in alle Zukunft.

[Datum und Unterschrift]

Schritt 4: Spezialarbeit »Geld und Schulden« (optional)

Viele Menschen haben Probleme mit finanziellen Themen wie Geld, Schulden, Verschuldungen, Geldabfluss, Geldzufluss etc. Hier können noch alte Glaubenssätze, Gelübde oder Schulden aus der Vergangenheit vorliegen, die bis heute wirken.

Diese Probleme wirken für zahlreiche Menschen zermürbend, da sie nicht an die eigentlichen Ursachen herankommen. Aufgrund der Bedeutung des Themas habe ich diese kurze Neutralisierungsarbeit angefügt. Sollten in Ihrem Leben solche Themen vorliegen, empfehle ich, diese Neutralisierungsarbeit ebenfalls ausführen.

Gehen Sie wie folgt vor:

- Schritt 1: Prüfen Sie alles, was in Ihrem bisherigen Leben im Zusammenhang mit finanziellen Belangen und Geld vorgefallen ist.
- Schritt 2: Prüfen Sie, ob noch alte Glaubenssätze in Ihnen wirken. Nutzen Sie die nachfolgende Auflistung (→ Seite 128f.), und schauen Sie, mit welchen Aussagen Sie in Resonanz treten.
- Schritt 3: Lesen Sie anschließend die ergänzende Neutralisierungsarbeit (→ Seite 129ff.) laut vor, und schreiben Sie diese Ergänzungsarbeit für sich selbst auf ein Blatt Papier. Bitte integrieren Sie die bei den Schritten 1 und 2 gefundenen Themen und Glaubenssätze.

Mögliche Glaubenssätze: Was reagiert noch in Ihnen?

- Nur wer arm ist, ist reich und kann ins Himmelreich Gottes aufsteigen.
- Geld ist ein Mittel des Teufels.
- Geld verdirbt den Charakter.
- Geld kauft Seelen.
- Geld verdirbt das Wesen des Menschen.
- Geld kann missbrauchen oder zu Missbrauch führen.
- Geld macht untreu in der Liebe bzw. im Leben mit Gott.
- Der hat das Geld nicht verdient.
- Wer viel Geld hat, hat es gestohlen.
- Alle reichen Leute sind Arschlöcher.
- Wer Geld hat ist ein Betrüger.
- Spare in der Zeit, dann hast du in der Not.
- Sei dankbar und zufrieden mit dem, was du hast.
- Ich bin es nicht wert, Geld zu besitzen.
- Geld stinkt bis zum Himmel, Geld ist doch etwas Schlechtes!
- Geld darfst du nicht haben.
- Geld macht geizig.
- Geld macht nicht glücklich.
- Lieber arm und glücklich als reich und krank.
- Geld verdirbt den Charakter.
- Geld bringt nur Verantwortung mit sich.
- Reich werden kann man nur auf Kosten anderer.
- Geld ist die Wurzel allen Übels.
- Geld regiert die Welt und sonst gar nichts.

- Wenn ich reich bin, liebt man mich nur, weil ich Geld habe.
- Geben ist seliger denn Nehmen.
- Wenn ich Geld nehme, nehme ich jemand anderem etwas weg.
- Ich muss mein Geld festhalten.

Ergänzungsarbeit »Geld und Schulden«

Bitte führen Sie die nachfolgende Neutralisierungsarbeit in Ruhe durch, indem Sie sich den Text wie oben diktieren lassen oder ihn abschreiben:

In Liebe danke ich der universellen/höchsten Liebe, deren Allmacht und Güte, dass alle auf immer und ewig heute noch in mir wirkenden tief sitzenden, tief verwurzelten Glaubenssätze oder deren Programme und Trigger, an die ich nicht herankomme und die ich nicht kenne, welche von meiner Ursprungsfamilie, aus Vorleben, Universen und bis ganz zurück zum Ursprung meines Seins stammen und heute noch blockierende Wirkungen zeigen, wie

- alle fremdenergetischen oder schwarzmagischen Verfluchungen, Verwünschungen, Verhexungen, die in Bezug zu Armut, Geld oder Finanziellem blockierend ausgesprochen wurden,
- alle Arten von universellen Portalen, Toren, Einfallstoren in Bezug zu Geld und finanziellen Themen, die bis heute noch als Blockade oder Beeinflusser wirken,
- alle uralten und alten Verträge, Abkommen, Schulden, Verschuldungen, Schuldscheine, die bis heute immer noch gültig sind,

- alle Blockaden und Einflüsse, die in Bezug zu Armut oder Geld oder »kein Geld haben« oder »kein Geld bekommen« stehen,
- alle Selbstblockaden zu Geld und Reichtum sowie selbst gesetzte bzw. gesteckte Begrenzungen im Geldfluss,
- alle uralten Armutsgelübde, noch vorhandene Wirkungen aus Zeiten als Leibeigener, Unterworfener, Untergebener,
- alle uralten, heute nicht mehr bekannten Glaubenssätze im Zusammenhang mit Geld, die früher seitens Kirche, Religionen, Menschen ausgesprochen wurden,
- alle Glaubenssätze im Zusammenhang mit Geld, die noch in meinem Unterbewusstsein wirken und bei mir auf Resonanz stoßen,
- alles, was Fülle in finanzieller Hinsicht blockiert und noch in meinem Unterbewusstsein negativ gespeichert ist,
- alle Mangelzustände und Vergeltungen von früheren Generationen und Vorleben,
- alle Vereitelungen in Bezug auf Erhalt oder Zufluss von finanziellen Mitteln und Geld,
- alle Abneigungen und ablehnenden Haltungen gegenüber Geld,
- alle negativen Erfahrungen, Schocks und Traumata in Verbindung mit Geld sowie
- das Stellen materialistischer Wünsche und Vorstellungen über das eigene innere Glück und die Fülle

... jetzt von den Erzengeln Michael und Chamuel aufgedeckt, enttarnt, entschlüsselt und inklusive ihrer Prägungen, Trigger-Programme, deren Verschlüsselungen und Sicherungsspeicherungen, für immer und ewig von mir abgetrennt, gelöscht, entbunden, freigesprochen und neutralisiert werden.

Jegliche Wiederinstandsetzung dieser Glaubenssätze, aller Programme und deren Verschlüsselungen und Sicherungsspeicherungen ist ab jetzt und in aller Zukunft ausgeschlossen. In Achtsamkeit und Respekt um das Geld kann mir jetzt frei das zufließen, was für mein höchstes Wohl, dem meiner Familie, Partnerschaft und Berufung/Lebensaufgabe gut ist.

Herzlichen Dank. So sei es ab jetzt.

[Datum und Unterschrift]

Schritt 5: Ablösung mit Clearing und Energieflussarbeit

Während und nach der Neutralisierungsarbeit können unterschiedliche Gefühle und Wirkungen auftreten. Nicht selten wird man plötzlich abgelenkt oder sogar ganz am Schreiben gehindert. Achten Sie einmal auf Ihr Schriftbild vor den Ablösungs- und Neutralisierungssätzen.

Verspüren Sie nach erfolgter Neutralisierungsarbeit körperliche Reaktionen, hat dies mit den Ablöseprozessen zu tun. Energieblockaden lösen sich nun auch auf Körperebene. In den meisten Fällen ist die Kombination von Ablösungsritual und Neutralisierungsarbeit ausreichend. Grundsätzlich sollte sich ein Freiheitsgefühl oder ein neutrales Leere-Gefühl einstellen. **Es ist wichtig, dass Sie die innere Leere wieder**

auffüllen, damit sich nicht wieder etwas einnisten kann, was Sie nicht wollen. Ich empfehle daher, nach erfolgter Neutralisierungsarbeit »Fremdenergien« unbedingt noch die **Kurzmeditation nach der Neutralisierungsarbeit** (→ Seite 134f.) durchzuführen.

Die Erfahrung aus der Coaching-Arbeit hat gezeigt, dass zur Sicherstellung der Re-Vitalisierung und einer nachhaltigen Ablösung und Neutralisierung nach der Neutralisierungsarbeit »Fremdenergien« auch noch auf körperlicher Ebene Unterbrechungen, Blockaden und Belastungen in der Erdung und Herz-Resonanz gelöst werden sollten. Coaching und energetische Körperarbeit gehören immer zusammen, so wie auch der Körper nicht von den Gedanken und Gefühlen getrennt werden kann. Diese Unterbrechungen, Blockaden, Störungen auf dem Herzen und der Erdung lösen wir mit der von mir entwickelten Energieflussarbeit auf.

In der Energieflussarbeit werden Blockaden, verursacht von Operationen, Wunden, Knochenbrüchen, karmischen Themen etc. sowie durch Anhaftungen von Fremdenergien, aufgehoben. Beachten Sie Grafik 17 (→ rechts) mit den Energieflüssen von oben nach unten (❶) und von unten nach oben (❸). Hierbei werden die Ablösungsschritte direkt für den Kunden gesprochen und die Ablösungen erfolgen gleichzeitig als Kontrolle.

Es stellte sich heraus, dass fremdenergetische Belastungen sehr hartnäckig direkt auf dem Herzen, im Genick, an Nacken oder Schultern, am Kopf, auf dem Bauch oder versteckt am Rückgrat sitzen. Um auch die hartnäckigsten Anhaftungen vollends abzulösen, bedarf es eines speziellen Vorgehens und spezieller Arbeitsschritte. Weitere Informationen und auch Übungen zur Energieflussarbeit finden sich in Kapitel 7 (»Die energetische Körperarbeit«, → Seite 141ff.).

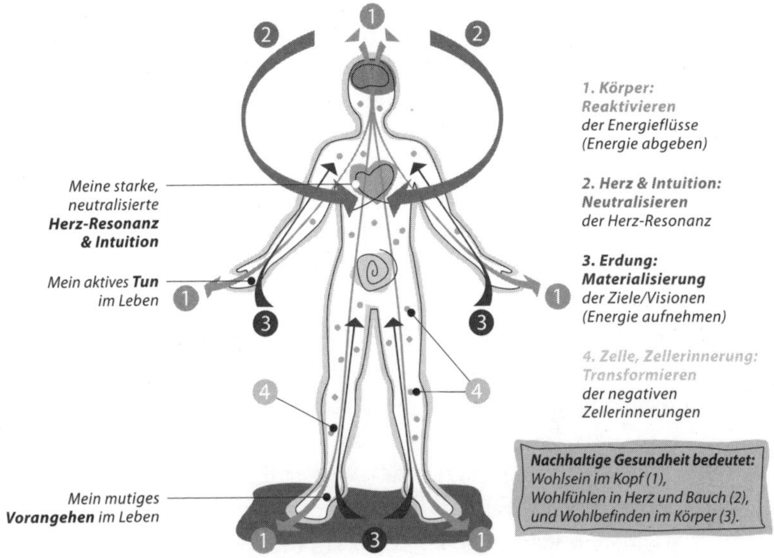

Grafik 17: Die Energieflüsse im Menschen: ❶ von oben nach unten und ❸ von unten nach oben (Erdung) sowie ❷ die energetische Verbindung der Herz-Resonanz.

Achten Sie nach erfolgtem Ablösungsritual und der Neutralisierungsarbeit auf das Leere- oder Leichtigkeitsgefühl. Bei einem Leere-Gefühl füllen Sie bitte unbedingt diese Leere mit der nachfolgenden »Kurzmeditation nach der Neutralisierungsarbeit« auf. Stellt sich noch kein Leichtigkeitsgefühl ein, liegen starke dunkle negative Wesenheiten oder Belastungen vor, die sich getarnt, versteckt oder abgeschirmt hatten. Hier empfehle ich, noch ein professionell durchgeführtes Clearing von einem Spezialisten ausführen zu lassen, um die Nachhaltigkeit sicherzustel-

• • •

len. Erst danach ist die Grundlage für Ihre freie Persönlichkeitsentwicklung geschaffen. Siehe zum Thema Clearing meine Empfehlungen im Kasten auf Seite 57.

Ein falsches Vorgehen im Clearing-Prozess oder das Vergessen von Arbeitsschritten kann eine Rückkehr oder nicht optimale Ablösung von Fremdenergien zur Folge haben. Es sind die kleinen Detailschritte, auf die es ankommt, damit sich ein nachhaltiger Erfolg einstellen kann. Wenn Sie diese Aufgaben in guter und liebevoller Absicht angehen, werden Sie mit der Ablösung und Neutralisierung erfolgreich sein.

Kurzmeditation nach der Neutralisierungsarbeit

Mein zentraler Energiepunkt in der Brustmitte öffnet sich und das Christus-Liebeslicht strömt in mein Herz hinein. Mein Herz verteilt dieses Licht nach oben über den Hals in den Kopf hinein. Jede Zelle in meinem Kopf und jede Synapse wird aufgefüllt mit dem Liebeslicht.

Danach fließt das Licht die ganze Wirbelsäule hinab. Von der Wirbelsäule verteilt es sich über die Energie- und Nervenbahnen und verbindet sich mit allen Organen, dem Darm und allen Muskeln im Ober- und Unterkörper. Danach fließt das Licht weiter über das Gesäß, die Hüften, das Becken, die Leisten, Oberschenkel, die Knie, die Unterschenkel, die Fußgelenke bis in alle Zehen hinab.

Weiter verteilt das Herz das Liebeslicht über die Schulter- und Nackenmuskulatur, die Schultergelenke, die Oberarme, die Ellenbogengelenke, die Unterarme, die Handgelenke in die Finger hinein. Der ganze Körper ist nun in allen Zellen, Quanten, Aura-Schichten, Energie- und Nervenbahnen mit dem Liebeslicht aufgefüllt. Es findet nun augenblicklich eine Transformation von allem noch gespeicherten Negativen in meinem physischen und energetischen Körper statt.

Danach strömt goldenes Licht über meinen zentralen Energiepunkt in der Brustmitte direkt in mein Herz hinein. Die linke Herzkammer verteilt dieses Licht in die linke Körperhälfte und die rechte Herzkammer verteilt dieses Licht in die rechte Körperhälfte.

Mein ganzer physischer und mein energetischer Körper sind komplett aufgefüllt mit dem goldenen Licht. Durch das goldene Licht bin ich nun direkt mit der universellen (höchsten) Liebe verbunden. Das goldene Licht legt sich allumfassend, nahtlos und dauerhaft um mich herum und ich erhalte den Schutz und Immunität der höchsten Liebe ab jetzt und in aller Zukunft.

Ich danke für diese Transformation und den höchsten Schutz und Immunität.

Eine weitere bewährte Ablösungsmeditation ist die der Lichttrainer. Durch deren jahrelange Erfahrung in der energetischen Clearing- und Coaching-Arbeit ist deren Lichtmeditation »Schützendes Licht-Ei« ebenfalls zu empfehlen. Die Lichttrainer haben diese Meditation unterstützenderweise zur Verfügung gestellt.[9]

Schutzmeditation: Schützendes Licht-Ei

Entspanne dich und denke: »In Liebe und Dankbarkeit für alles, was ist und was ich bin, verbinde ich mich über mein Kronen-Chakra durch weiße transparente Strahlen mit all meinen Höheren Selbst und meiner Ich Bin-Gegenwart: Ich bin die Liebe, die Kraft, das Licht und das Wissen, das ich bin, mit all meinen Potenzialen und Qualitäten, die ich habe, bis zur Höchsten Schöpferebene, der Quelle und den Möglichkeiten allen Seins.«

»Ich bin mir meines höheren Bewusstseins sowie meiner angeborenen Fähigkeit, selbst Schöpfer zu sein, voll und ganz bewusst.«

Stell dir vor, dass große Wurzeln aus deinen Fußsohlen wachsen, durch den Boden hindurch, ganz tief in die Erde hinein, bis du das Herz von Mutter Erde in Form eines strahlenden, riesigen funkelnden Kristalls mit deinen Fußwurzeln erreichst und sich deine Fußwurzeln um diesen leuchtenden Kristall winden.

Du bist nun mit der schützenden Liebe und Fürsorge sowie dem Bewusstsein von Mutter Erde verbunden. Stell dir vor, dass aus der Erde lichtstrahlende, sanfte Energie nach oben strömt, durch deine Fußwurzeln hindurch, durch deine Füße langsam in deinen Körper hinein …
Beim Einatmen lässt du diese wohlig warme, entspannende und aufladende Energie langsam durch dich hindurchfließen und füllst alle Teile deines Körpers mit dieser Energie auf …

Alles, was dich belastet, begrenzt, manipuliert oder blockiert, wie Stress, Unruhe, Angst, Spannungen, negative Gedanken, negative Emotionen, Schmerzen, Unwohlsein etc., lässt du durch dein Wurzel-Chakra beim Ausatmen in die Erde hineinströmen bzw. verschwinden ...
(Mutter Erde transformiert liebevoll für dich diese negativen Energien).

Lass jetzt weiße, kristallklare Energie von oben durch dein Kronen-Chakra in deinen Körper strömen.
Fülle sämtliche Körperteile mit dem puren, reinen Licht auf. Lass diese Energie durch deinen Kopf, durch deinen Nacken, durch die Wirbelsäule und auch vorne durch den Hals in den Oberkörper fließen, durch alle Organe, durch den Unterleib, die Hüften, durch die Beine bis in die Füße, sogar durch deine Fußwurzeln hindurch.
Beim nächsten Einatmen füllst du sämtliche Körperteile, jede einzelne Zelle sowohl auf physischer als auch auf energetischer Ebene mit liebendem, strahlendem kristallklarem Licht auf.

Beim erneuten Einatmen des kristallklaren Lichts füllst du ganz bewusst dein Herz-Chakra mit diesem strahlenden liebenden Licht auf.
Füll es weiter und weiter auf und nimm wahr, wie es sich nach außen ausdehnt. Stell dir vor, dass dieses helle Licht eine strahlende Sonne in deinem Herz-Chakra formt. Lass die Sonne sich ausdehnen und durch deinen ganzen Körper scheinen, als hätte man das Licht in deinem Körper eingeschaltet.

...

Lass sich nun das Sonnenlicht in deinem Herzen noch weiter ausdehnen, lass die Sonne größer und größer werden, sodass es von innen auch nach außen in deine Aura scheint. Stell dir vor, dass dich dieses strahlende Licht einhüllt, während du es um dich herum weiterwachsen lässt.
Nimm wahr, dass das strahlende Licht jetzt innen und außen scheint.

Forme die Lichthülle, die dich umgibt, so groß, dass du sie mit ausgestreckten Armen gerade berühren kannst.

Nimm wahr, dass du selbst die Mitte des Sonnenballs oder Licht-Eis bist und dich leuchtendes, blendendes, jedoch warmes Licht umgibt.
Dieses Licht schenkt dir bedingungslose Liebe, Freude, tiefen Frieden, Schutz und Geborgenheit.

Achte darauf, dass du in jedem Fall genug Platz für dich hast.

Nun stellst du dir um dieses weiße, strahlende Licht-Ei herum einen mächtigen Schutz in Form einer goldenen Schale vor.

Die Schale ist aus festem Material, das nur Sonnenlicht, Liebe und andere positive Schwingungen zu dir durchlässt.
Alle negativen Energien und Strahlungen werden von dieser goldenen Schale ferngehalten bzw. blockiert, sodass sie keinen Einfluss auf dich ausüben können.

Sag oder denke: »Ich bitte Erzengel Michael und seine Helfer, den Schutzschild meines Schutz-Eis zu stärken. Mein Schutz-Ei ist unüberwindlich gegen sämtliche negative Energien und Störfelder in jeglicher Form und Herkunft und weist jeden störenden Gedanken und jeden Missklang, der zu mir vordringen will, zurück.«

Nun hast du ein vollständiges Schutz-Ei, außen mit einem goldenen Schutzschild, der alle negativen Energien abschirmt, dann die pure strahlende weiße Lichthülle mit dem schützenden, energetisierendem, warmen Sonnenlicht, das dich stärkt.

Wenn andere Personen oder auch negative Energien, in Form von Gefühlen, Angst, Stress, Traurigkeit, Gedanken, Wesen, Toxine in jeglicher Substanz, Störfelder etc. in der Nähe sind, dann sorge dafür, dass du allein in diesem Licht-Ei bist.
Schiebe die Person oder negativen Dinge gedanklich hinaus, sodass sie außerhalb deiner Sonnenkugel stehen. Somit können keinerlei negative Energien oder Kreationen oder Störfelder weder zu deinem physischen noch zu deinen energetischen Körpern vordringen.

Das Schutz-Ei braucht nicht wieder geöffnet zu werden, da es sich mit der Zeit von allein auflöst. Wiederhole diese Visualisation am Anfang ein paar Mal (z.B. jeden Morgen), damit es eine starke, feste Schutzhülle wird.

Im Laufe der Zeit musst du nur an das Schutz-Ei denken, und schon baut sich automatisch die schützende Lichtkugel auf.
Sprich einfach: »Ich rufe die Schutzmeditation ›Schützendes Licht-Ei‹ der Lichttrainer auf und bitte, dies so auszuführen. Danke.«

Mit dem Herz-Resonanz-Coaching können wir bereits positiv den Wandelprozess auf Gefühlsebene (Herz), auf Zellerinnerungen und Speicherungen in den Aura-Schichten in Gang setzen. Mit einem Clearing oder der Energieflussarbeit können wir zusätzlich die Blockaden auf der körperlichen Ebene beheben.

Dr. David Servan-Schreiber hat in seiner wissenschaftlichen Arbeit bewiesen, dass durch die Arbeit über den Körper das emotionale Gehirn leichter aktiviert werden kann: »Das emotionale Gehirn kennt daher den Körper viel besser als das kognitive Gehirn. Aus diesem Grund kommt man oft leichter über den Körper als über die Sprache an die Gefühle heran«.[10] Mit »Sprache« meint er die klassische Psychotherapie.

Im Herz-Resonanz-Coaching werden Gefühle und die dazugehörigen Themen konkret in Neutralisierungsarbeiten bearbeitet, was einer Vergebens- und Versöhnungsarbeit entspricht. Es wird damit automatisch ein Wandelprozess auf der Gefühlsebene eingeleitet.

Die Kombination von Herz-Resonanz-Coaching und Clearing oder Energieflussarbeit spricht Gefühlshirn und emotionales Gehirn gleichzeitig an.

Kapitel 7: Die energetische Körperarbeit

Wie Sie bereits in den vorigen Kapiteln erfuhren, haben alle Lebewesen (Menschen, Tiere, Pflanzen) einen physischen und einen energetischen Körper. Wir wissen nun auch, dass die gespeicherten Informationen und Energien des Körpers ständig in Schwingung sind und unser Herz-Resonanz-Feld wie ein Magnet das uns Gleichende anzieht. Wenn wir uns dessen bewusst werden, erkennen wir die Beeinflussung auf unsere persönliche Ausstrahlungs- und Anziehungskraft.

So wiederholen sich die Konflikte und alles das, was uns stört und beeinträchtigt, bis wir unser Energiefeld durch die Neutralisierung gereinigt haben. Erst nachdem das Negative umprogrammiert und neutralisiert wurde, verändert sich unsere Ausstrahlung zum Positiven und zieht das in unser Leben, was wir wirklich wollen.

Machen wir aber nichts, bleibt alles beim Alten und unser Körper wird uns die Folgen in Form von Krankheiten oder Unfällen zu verstehen geben. Die parallele Arbeit mit dem Herz-Resonanz-Coaching und der energetischen Körperarbeit ist aufgrund der Aktivierung und des Wandels von Emotionen über das emotionale Gehirn und das Gefühlshirn ein nachhaltiger Weg in der Re-Vitalisierung.

Psychosomatik

Die Sprache des Körpers sind Körpersymptome. Dies können sowohl Symptome von Krankheit als auch Unfall-Symptome sein. Sie treten immer an jener Körperstelle auf, die mit früheren Erlebnissen, emotionalen Verletzungen, Schmerzen (Schocks, Traumata) und den damit zusammenhängenden Gefühlen zu tun hat. Körpersymptome sind daher immer eine klare Aufforderung, mit sich selbst ins Reine zu kommen oder die eingeschlagene Richtung zu ändern.

Ein Beispiel aus der Praxis:
Ein Mann litt unter einer Schuppenflechte. Der Körper war von starken Ekzemen gezeichnet. Doch mit dem Tod seiner Großeltern, die fast zeitgleich starben, verstärkten sich die Symptome besonders. Dieses Erlebnis löste bei ihm einen Krankheitsschub aus.

In der Beratung betrachteten wir die Ursachen (Gefühle und Themen) von Hauterkrankungen wie die Schuppenflechte und verglichen sie mit den Eintragungen in der Lebenslandkarte. Hier konnten wir einen Zusammenhang mit dem frühen Verscheiden der Urgroßeltern erkennen. Eine Trauerarbeit seitens des Großvaters war nie erfolgt, und sämtliche Gefühle (Verlust, Angst, Wut, Trennung von den Geschwistern) äußerten sich nun zwei Generationen später in Form der starken Ekzeme.

Zur kurzen Erklärung: Hauterkrankungen sind im Allgemeinen ein Ausdruck für Schwierigkeiten in Bezug auf Nähe und Kontakt mit Menschen, Tieren oder Pflanzen oder Trennung, ausgelöst durch eine traumatische Erfahrung.

Die innere Balance

Jeder Mensch trägt einen emotionalen (weiblichen) und einen rationalen (männlichen) Anteil in sich. Das Emotionale ist verantwortlich für die Intuition und das Rationale für die Durchsetzungskraft. Beides sollte im Gleichgewicht sein.

Betrachten Sie nun Ihre Körpersymptome! Haben Sie mehr Beschwerden auf der linken oder der rechten Körperseite? Wenn Sie vermehrt Körpersymptome auf der linken Körperhälfte haben, deutet es hauptsächlich darauf hin, dass Sie Ihre emotionale Seite missachtet oder unterdrückt haben. Vermehrte Körpersymptome auf der rechten Seite deuten darauf hin, dass Sie z. B. zu hart gegen sich selbst waren, sich nicht genügend durchgesetzt oder für sich selbst stark gemacht haben.

Diese Beobachtung gibt Ihnen schnell Hinweise. Ihr Körper spricht über die Körpersymptome mit Ihnen und übermittelt Ihnen wichtige Signale. Sie können die männliche auch als die gebende Seite und die weibliche als die empfangende Seite sehen. Jetzt sagen Sie bestimmt, das sei doch ein Widerspruch, schließlich gibt doch eine Mutter ihrer Familie Liebe und Energie. Das ist richtig, aber darüber steht der Glaubenssatz: »Geben ist seliger denn nehmen.« Und schon sind wir wieder bei fremden Energien bzw. Einflüssen.

Frauen und Männer sollen lernen, etwas anzunehmen und auch annehmen zu dürfen. Hier stehen große Themen dahinter wie »uns selbst anzunehmen, wie wir sind« und »sich selbst liebevoll behandeln«. Daher sollte der Satz wie folgt neu geschrieben werden:

»Geben ist gleich wichtig wie Nehmen.«

Wenn Sie nun die Vergangenheit anschauen, dann erkennen Sie leicht die Misswirtschaft, die Menschen sich selbst und anderen gegenüber betrieben haben. Glücklicherweise erleben wir heute eine spürbare Rückkehr zu mehr Menschlichkeit und Sinnhaftigkeit im Leben sowie eine Stärkung der emotionalen Intelligenz und mehr Entfaltung unserer intuitiven Fähigkeiten. Auch die Bedeutung des Materialismus nimmt im allgemeinen Kollektivbewusstsein zunehmend ab. Dies spricht dafür, dass die Dysbalance zwischen emotionaler und rationaler Seite wieder ins Gleichgewicht kommen möchte.

Der Körper ist also wie ein treuer Freund. Wenn wir nicht auf ihn hören, häufen sich die Symptome. Und mit zunehmendem Alter werden diese noch schlimmer. Bis zum Ende wird uns unser Körper auf ein vorhandenes Ungleichgewicht hinweisen. Es liegt also an uns, ob wir die Sprache des Körpers verstehen wollen oder weiterhin verdrängen. Als kleine Hilfe habe ich hier zwei Lesetipps zur Psychosomatik für Sie:

»Krankheit als Symbol« von Dr. Ruediger Dahlke
und
»Mein Körper – Barometer der Seele« von Jacques Martel.

Noch einmal kurz zusammengefasst: Hinter jedem Körpersymptom liegt ein negatives Gefühl, ein Konflikt, ein Schock der Vergangenheit, der noch in der Zellerinnerung des Körpers gespeichert ist. Dieses Gefühl wurde von einer nicht versöhnten Erfahrung in der Vergangenheit verursacht und verdrängt. Da Informationen nicht verloren gehen, werden sie sich eines Tages wieder zu Wort melden und sich möglicherweise in Form einer emotionalen (z.B. Depression) oder körperlichen Erkrankung (z.B. Rückenschmerzen) ausdrücken.

Energieblockaden auflösen

Auf die Bedeutung der Energieflüsse bin ich bereits in Kapitel 6 (Schritt 5: Ablösung mit Clearing und Energieflussarbeit, → Seite 131ff.) eingegangen.

Es gibt den abfließenden Energiefluss von oben nach unten und den aufsteigenden von unten nach oben. Betrachten Sie hierzu die Grafik 7 (→ Seite 29). Wenn die Energieflüsse von oben nach unten blockiert sind, gibt es wie bei einer verstopften Leitung einen Rückstau. Haben Sie beispielsweise eine Energieblockade zwischen Ihrem Oberkörper und den Beinen, dreht sich die ganze Energie nur im Oberkörper. Bei einer Energieblockade zwischen Kopf und Oberkörper, wird sich die Energie nur im Kopf drehen – auch als Gedankenkreisen bekannt.

Sind die Energieflüsse von unten nach oben blockiert, fehlt dem Menschen eine gesunde Bodenhaftung und er kann die aufsteigende Kraft der Erde nicht in sich aufnehmen. Es ist überaus wichtig, dass wir uns erden – zum einen, weil wir selbst ein Bestandteil der Erde sind und zum anderen, weil wir nur mit der Erdungsenergie das in unserem Leben materialisieren können, was wir uns selbst für unser erfolgreiches Leben wünschen.

In der Grafik 18 (→ Seite 146) sind durch die dunklen Balken die Unterbrechungen und Blockaden im Menschen dargestellt. In meinem Coaching »Energiefluss« konnte ich viele Blockaden, die aus früheren Zeiten stammten und im Informationsfeld des Menschen gespeichert waren, auch noch auf körperlicher Ebene nachweisen. Dies waren z. B. Unterbrechungen an den Händen und Füßen, zwischen Oberkörper und Beinen, in den Knien abwärts oder zwischen Hals und

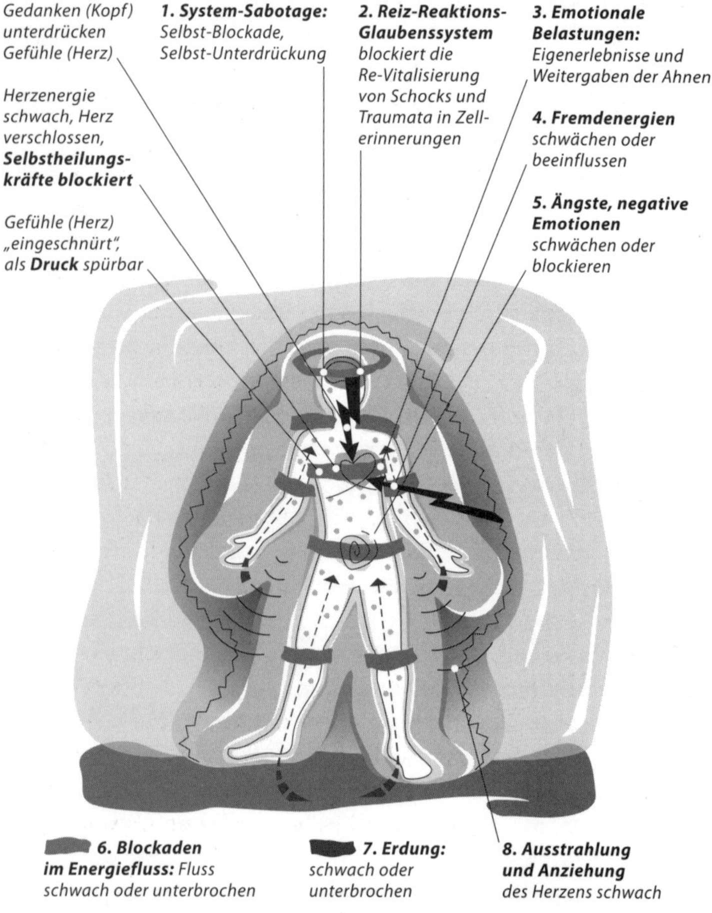

Folgen: *Erschöpfung, Erschöpfungsdepression, Burn-out, Herzerkrankungen, diverse Körpersymptome u.v.m.*

Grafik 18: Das Schaubild zeigt Energieblockaden, Störungen und Belastungen, die auf die Energieflüsse des Menschen einwirken.

Kopf. Viele dieser Unterbrechungen stammten wohl von Verletzungen oder Gewaltanwendungen aus früheren Zeiten. Wenn Menschen solche negativen körperlichen Eingriffe früher erlebt hatten, dann können sie heute noch die Folgen davon auf körperlicher Ebene spüren.

Gleichzeitig gibt es auch noch Blockaden, die durch fremde dunkle negative Wesenheiten auf dem Herzen, dem Kopf, dem Rücken oder in den Beinen und Armen wirken können. Hier werden durch deren Anhaftungen Energieflüsse blockiert und es findet sich auch keinerlei Erklärung dafür aus der klassischen medizinischen Sicht. Besonders stark wirken vor allem die noch nicht gelösten Themen der schweren Herzensangelegenheiten, Kalt- und Hartherzigkeit sowie Unterdrückungen des Herzens aus jeder Vergangenheit, weil sie wie eine Platte auf dem Herzen liegen und das Herz verschlossen halten. Das Herz ist somit blockiert und kann als wichtigstes Körperorgan seine bedeutende Funktion als Zentrum der Gefühle und Gefühlshirn nicht wahrnehmen.

Zusammengefasst können wir sagen: Wenn unsere Energieflüsse von Blockaden befreit worden sind und unser Herz positive Energie und Liebe ausstrahlt, haben wir eine gesunde Ausgangsbasis geschaffen. Mit einem gereinigten Informationsfeld arbeiten auch die Selbstheilungskräfte des Körpers wieder. Machen wir jedoch nichts, bleibt alles unverändert.

Die Erdung

Stellen Sie sich bitte folgendes Bild vor: Sie legen einen Samen auf Ihre Hand und geben Wasser hinzu. Nun halten Sie Ihre Hand in die Sonne. Was passiert? Der Samen wird anfangen zu keimen, aber er kann keine Wurzeln schlagen. Erst wenn wir den Samen in die Erde stecken oder den Keimling in die Erde pflanzen, erwächst daraus eine Pflanze. Fazit: Wenn die Pflanze nicht geerdet ist, kann sie sich nicht materialisieren. Das Gleiche gilt für den Menschen. Wenn er/sie nicht geerdet ist, können sich Dinge in seinem Leben nicht materialisieren und Wirklichkeit werden.

Praxisübungen zur Erdung

Der Baum

Legen Sie Ihre Hände an einen Baum und sagen Sie diese beiden Sätze:

- Lieber Baum, bitte gib mir deine Kraft.
- Lieber Baum, bitte nimm das Schwere von mir und leite es über deine tiefen Wurzeln nach unten in die Erde ab.

Achten Sie danach auf den Energiefluss über Ihre Arme und Beine, ob alles wie in einem Kreislauf durch Sie durchgeflossen ist.

Das Wasser

Gehen Sie ca. 20–30 Min. schwimmen, oder legen Sie sich in die Badewanne. Dies erdet den ganzen Körper.

Körperarbeit, Yoga

Machen Sie Körperarbeit (Fußreflex, Energiefluss, Cranio-Sakral u.v.a.m.) oder Yoga (Wurzel-Chakra-Übungen), und aktivieren oder stärken Sie so Ihre Erdung.

Kapitel 8: Unsere verschiedenen persönlichen Landkarten

Im Schlusskapitel dieses Buches möchte ich gerne noch auf ein wichtiges grundlegendes Instrument zu sprechen kommen, die persönlichen Landkarten unserer verschiedenen Lebensbereiche.

Stellen Sie sich vor, unser Leben ist eine große Reise. Zuerst landen wir in einem Ballon hier auf der Erde in unserer Familie. Unsere Verwandten und Ahnen haben bereits viel erlebt, und aus ihrem Erfahrungs- und Wissensschatz heraus leben sie uns ein Verhalten und Denken vor, das wir als unsere Wahrheit annehmen, bis wir dahinterkommen, dass dem in vielen Fällen nicht so ist. Daher müssen wir zuerst die Fremdeinflüsse – den Ballast bzw. die Sandsäcke – von unserem Ballon abschneiden, um überhaupt wieder fliegen zu können.

Nun stellt sich die erste große Aufgabe: Das Loslassen all der Dinge, die nicht wirklich zu uns gehören, sondern nur weitergegeben oder anerzogen wurden. Praktisch gesehen verhält es sich so, wie wir gern unseren Kindern sagen: »Mach zuerst deine Hausaufgaben, dann kannst du zum

Spielen raus.« Wir haben also unsere Hausaufgaben gemacht und sind zu unseren Freunden gegangen. Wir waren leicht und froh, denn uns plagte nicht das schlechte Gewissen mit Gedanken wie: »Ich sollte ja eigentlich noch meine Hausaufgaben machen.«

Inzwischen sind wir etwas älter und natürlich wollen wir heute mehr als nur mit unseren Freunden spielen. Wir streben nach Erfüllung. Wir sehnen uns nach der großen, weiten Welt und wollen wie Abenteurer das Leben neu entdecken. So ist der Koffer gepackt und wir sind bereit, in den Ballon zu steigen. Kräftig heizen wir die Ballonhülle auf und geben endlich Feuer. Aber der Ballon will trotz bestem Willen nicht abheben. Ein guter Freund kommt angerannt und ruft laut winkend: »Du hast deine Landkarten vergessen!« Stimmt, und wir bemerken, dass auch die technischen Anleitungen und wichtige Reisedokumente fehlen. Also machen wir in Ruhe, so wie jeder Pilot, einen ordentlichen Abflug-Check und stellen fest, dass vier Landkarten noch viele weiße Flecken aufweisen, die wir ausfüllen sollten, damit wir unseren Standort bestimmen können.

Klar, vor lauter Euphorie hatten wir es einfach versäumt. Außerdem vergaßen wir, unseren Herz-Kompass neu auszurichten – und zwar in die Richtung, in die wir selbst tatsächlich fahren wollen.

Beginnen wir mit dem umfangreichsten Check – unserer Lebenslandkarte (→ Grafik 21, Seite 162f.). Dazu finden Sie einige Informationen auf den nächsten Seiten; eine ausführliche Beschreibung der Arbeit mit der Lebenslandkarte finden Sie im Buch »Herz-Resonanz-Coaching« (→ Seite 169).

Die Lebenslandkarte

Die Lebenslandkarte beinhaltet den Familienstammbaum und zeigt, wie wir in unserer Ursprungsfamilie vernetzt sind. So sehen wir auf einen Blick, was alles geschehen ist – welche Ereignisse, Schocks, Traumata und andere wichtigen Themen erlebt wurden.

Wir erkennen die Parallelen zu unserem Leben und verstehen, aus welcher Generation ihr Ursprung stammt. Deutlich werden jene Dinge, die einst verdrängt, unterdrückt, geheim gehalten und somit auch nicht versöhnt wurden. Und genau diese negativen Ereignisse, Themen und Gefühle der Vergangenheit müssen jetzt neutralisiert werden. Nur dann bleibt die nächste Generation vor denselben Erfahrungen verschont.

Die Neutralisierungsarbeit in Verbindung mit der persönlichen Lebenslandkarte ermöglicht jedem, mit sich selbst ins Reine zu kommen und wirklich einen großen Sandsack abzuwerfen. Dieses Vorgehen hilft, die negativen Themen und Verhaltensweisen der Ursprungsfamilie zu sammeln und der jeweiligen Person zuzuordnen. Somit lässt sich einfach erkennen, was von wem an die nachfolgende Generation weitergegeben bzw. vererbt wurde (→ z.B. Punkt »*1« in Grafik 21, Seite 162f.). Oftmals stellt sich heraus, dass unser Leben nur eine Wiederholung des Lebens früherer Generationen ist.

Erstellen Sie doch Ihre Lebenslandkarte, erledigen Sie die einfachen Auflösungsarbeiten und neutralisieren Sie die bis heute nicht versöhnten Belastungen. In der Grafik ...

auf Seite 162f. sehen Sie ein Beispiel für eine ausgefüllte Lebenslandkarte, wie bereits in meinem Buch »Herz-Resonanz-Coaching« (→ Seite 169) umfassend beschrieben und enthalten. Einzelne Lebenslandkarten im A2-Format sind auch unter www.mankau-verlag.de erhältlich, Stichwort »Lebenslandkarte«.

Die Fluchtlandkarte (Flucht, Entwurzelung, Vertreibung)

Die großen Themen Flucht, Entwurzelung und Vertreibung aufgrund politischer oder religiöser Verfolgung stellen bis heute ein großes Problem in der Welt dar. Alles Negative, was bei einer Flucht geschieht, sitzt tief in der Zellerinnerung. Werden Menschen mit Bildern der Flucht konfrontiert, reagieren sie mit den Gefühlen, die einst erlebt worden sind. Dazu ein Beispiel:

Ein Vater berichtete, dass seine Tochter bei Waldspaziergängen immer sofort aus dem Wald herauswollte. Sie sagte, sie fühle sich im Wald einfach nicht wohl, könne ihm aber nicht genau sagen, warum. Bei einem zufälligen Gespräch des Vaters mit seinem Vater erzählte dieser von seiner Flucht aus Berlin, wo er sich immer im Wald verstecken musste, um nicht von den Russen entdeckt zu werden. Er berichtete auch von seiner großen Angst, die er im Dickicht durchlebt hatte. Die Gefühle des Großvaters hatten demzufolge eine Generation übersprungen und traten durch die Enkeltochter wieder zutage.

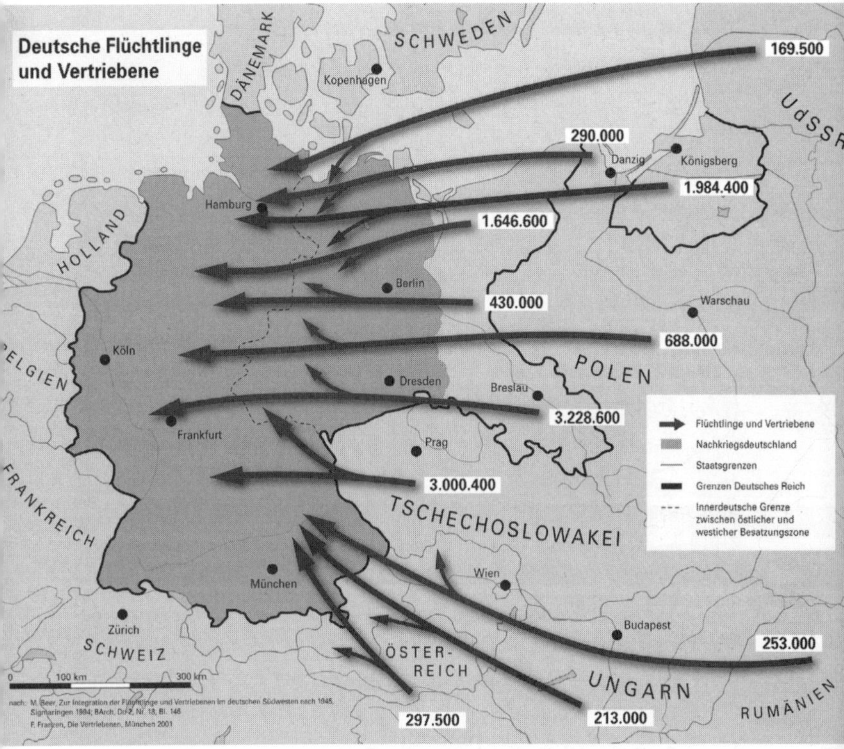

Grafik 19: Die Fluchtlandkarte zeigt die Flüchtlings- und Vertriebenenbewegungen im Nachkriegsdeutschland. Die Folgen und Erlebnisse der Flucht und Vertreibung sind bei den Menschen und den nachfolgenden Generationen noch heute in den Zellerinnerungen gespeichert.

Didaktische Karte »Deutsche Flüchtlinge und Vertriebene«, Herkunft und Zahl der deutschen Flüchtlinge und Vertriebenen, Stand 1950, Haus der Geschichte der Bundesrepublik Deutschland, Bonn

Sollte so eine Fluchterinnerung auch bei Ihnen wirksam sein, empfehle ich Ihnen, solange es noch möglich ist, mit den Kriegseltern (Großeltern) oder Kriegskindern (Eltern) über die Vergangenheit zu sprechen, damit auch in Ihrer Familie all die Themen von Flucht oder Vertreibung endlich versöhnt und neutralisiert werden können. Außerdem erkennen Sie, was noch unbemerkt in Ihnen schlummert und bisher schleierhaft erschien.

Nehmen Sie sich eine Europa- oder Weltkarte, und zeichnen Sie die Wurzeln und Fluchtwege Ihrer Großeltern oder Urgroßeltern etc. ein. Danach schreiben Sie auf, was alles Negatives auf der Flucht geschah und welche Gefühle dabei empfunden wurden. Danach können Sie vergleichen, mit welchen Themen und Gefühlen Sie heute konfrontiert werden. Diese Fluchtlandkarte ist eine ideale Ergänzung zur Lebenslandkarte, da in der Lebenslandkarte aus Platzgründen nicht auch noch diese Inhalte abgebildet werden können.

Die Herzlandkarte (Liebe und Partnerschaft)

Unser Herz hat drei Funktionen: als Organ, als Zentrum der Gefühle und als spirituelle Verbindung zur höchsten Liebe. Wenn das Herz außen oder innen noch stark durch frühere Angelegenheiten belastet ist, kann es nicht einwandfrei arbeiten. Wir spüren entweder phasenweise einen Druck, das Herz hat Rhythmusstörungen oder andere Phänomene treten auf.

Das Herz reagiert bei jedem Menschen anders, je nachdem, welche Herzensthemen in der Ursprungsfamilie vorliegen. Wenn diese Belastungen befreit und neutralisiert werden, kann unser Herz leichter funktionieren und es kann den Selbstheilungsprozess des Körpers unbelastet steuern.

Ein freies Herz und eine freie Erdung beim Menschen zählen mit zu den wichtigsten Voraussetzungen für eine gesunde Vitalität. Ein freies Herz bedeutet Leichtigkeit, Lebensfreude und Lebenskraft, vor allem aber ein liebevolles Wesen.

Die Verbindung zwischen Herz und Liebe lässt sich auch spielerisch so ausdrücken:

LIEBE ist …
L = Love
I = is
E = every
B = being's
E = Energy
… die Energie eines jeden Wesens trägt Liebe in sich.

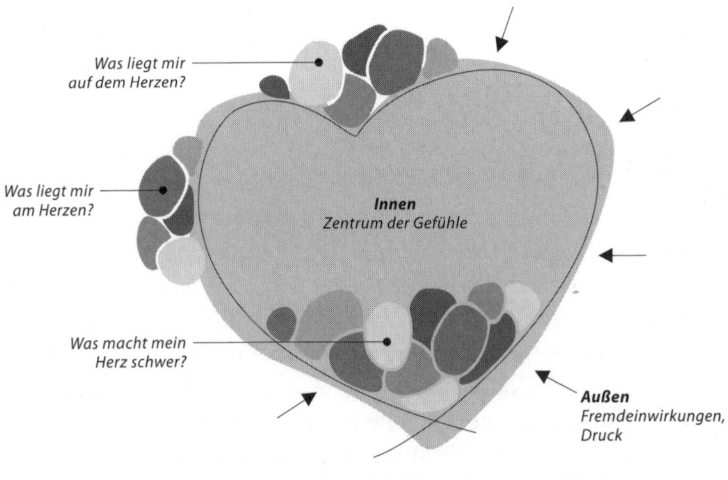

Grafik 20: Das Herz – unser Zentrum der Gefühle, und womit es oft belastet ist.

Fragen Sie in Ihrer Ursprungsfamilie einmal nach, was früher an schweren Herzensthemen passiert ist, etwa: Trennungen, der Verlust von Menschen, Lieblosigkeit, Mangel an Liebe, fehlende mütterliche Liebe oder Missbrauch. Wenn Sie auf eines dieser Themen stoßen, achten Sie einmal darauf, ob dies noch bei Ihnen im Herzen sitzt bzw. Ihr Herz noch belastet. Mit einer Neutralisierungsarbeit und Energieflussarbeit können Sie Ihr Herz davon befreien.

Wir Menschen sind alle über das Herz miteinander verbunden – und auch mit der Tier- und Pflanzenwelt. Das Herz ist demnach das zentrale Element des Menschen. Durch das Herz entsteht Leben und durch das Herz geht Leben. Es lohnt sich daher, diesem wichtigen Organ besondere Achtsamkeit zu schenken.

Die Seelenlandkarte

Spätestens seit den Arbeiten des Psychologen C. G. Jung zur »Landkarte der Seele« oder den Erkenntnissen der Quantenphysiker wie Albert Einstein oder Hans-Peter Dürr wissen wir, dass nur der kleinste Teil auf der Erde sichtbar ist. Wir sind demzufolge ein Teil eines großen Ganzen und alles ist mit allem verbunden.

Wir schauen heute lediglich in die Polarität zwischen Geburt und Tod und meinen, dass mit dem Tod das Leben endet. Das Leben selbst bewegt sich jedoch weiter und endet nie.

Aus der Quantenphysik lernen wir, dass Energie nicht verloren geht und demzufolge alles, was einmal gedacht, gefühlt, gesagt oder gehandelt wurde, als Energie nach wie vor vorhanden und gespeichert ist. Somit lässt sich auch erklären, warum wir heute noch mit Dingen konfrontiert werden, die uns unerklärlich erscheinen und irgendwie nicht in diese Zeit passen. Diese Themen und Gefühle stammen aus einer offensichtlich anderen Zeit oder Dimension und wurden uns mit unserer Seelenlandkarte weitergegeben.

Wenn wir unser kurzes Leben als einen kleinen Teil betrachten – Teil einer Dimension, die größer ist und immer schon da war (→ hierzu auch Grafik 4 und 5, Seiten 23 und 24) –, können wir auch verstehen, dass unser ureigener Wesenskern in seiner Entwicklung seine Seelenlandkarte immer mitgenommen hat.

Demzufolge liegt über der Gesamtheit aller Lebenslandkarten – der Lebens-, Flucht- und der Herzlandkarte – als übergeordnete Landkarte die Seelenwelt-Karte. Auf dieser Karte ist alles aufgezeichnet oder gespeichert, was der Seele im Lauf der vielen Leben widerfahren ist. Diese Erfahrungen sind heute noch im Informationsfeld des Menschen gespeichert.

Führen Sie die in den Kapiteln 6 und 7 beschriebenen Arbeiten (Neutralisierung, Energieflussarbeit und energetische Körperarbeit) mit großer Motivation und Begeisterung aus. Darüber hinaus empfehlen wir, die im Buch »Herz-Resonanz-Coaching« (→ Seite 169) beschriebene Neutralisierungsarbeit in Bezug zu Ihrer Ursprungsfamilie und sich selbst durchzuführen, um mit sich selbst vollständig ins Reine zu kommen.

Die Erkenntnisse aus der Arbeit mit Familienaufstellungen sind heute schon Teil dieser umfassenden Bewusstseinsarbeit und zeigen auf, was »früher« eventuell schon passiert war. Hier schließt die Neutralisierungsarbeit »Fremdenergien« nahtlos an und wirkt unterstützend bei der Auf- und Ablösung der weit zurückliegenden Themen und Gefühle.

Als kleine Inspiration hier ein schönes Zitat für Sie:

»Falls Gott die Welt geschaffen hat,
war seine Hauptsorge sicher nicht,
sie so zu machen,
dass wir sie verstehen können.«
Albert Einstein

Die Rückbesinnung: Was ergibt Sinn?

Oft ist es für uns sinnvoll, ein Ziel und einen Zweck zu haben. Ebenso bestimmt der Sinn den Wert einer Sache.

Kennen Sie Gedanken wie die nachfolgenden?

- Das ergibt doch keinen Sinn für mich.
- Etwas hat seinen Sinn verloren.
- Es hat keinen, wenig oder nicht viel Sinn (ist [ziemlich] sinnlos, zwecklos), damit zu beginnen.
- Ich frage mich echt nach dem Sinn des Lebens.
- Das ist doch sinnlos.

Das allen Sätzen zugrunde liegende Gefühl kann unterschiedliche Lebens- und Alltagssituationen im Privat- und Berufsleben betreffen. Es lohnt sich hierbei, das Wort »Sinn« in der Tiefe zu betrachten: Die grundsätzliche Bedeutung hinter diesem Begriff bezieht sich auf die Fähigkeit der Wahrnehmung und das Gefühl, eine innere Beziehung zu etwas zu haben.

Das Verb »sinnen« beruht auf der Wurzel von »gehen, reisen« und »fahren«, und bedeutet im ursprünglichen Sinn »eine Richtung nehmen« oder »eine Fährte suchen«. Die eigentliche Herkunft war mittelhochdeutsch, althochdeutsch »sin«, was eigentlich »Gang, Reise« und »Weg« bedeutete.[II]

Fasse ich das nun zusammen, so bedeutet es für jeden Menschen, er solle seinen Weg gehen und der Richtung folgen, die ihn im Innern anspricht. Sprich: Tu das, was mit deinen Gaben, Fähigkeiten, Stärken und Talenten übereinstimmt!

Die Erfahrung aus der Coaching-Arbeit zeigt, dass einer der wichtigsten Gründe für Erschöpfung oder Burn-out das NICHT-Folgen des eigenen Wegs war. Stattdessen lebt man vor sich hin und geht irgendeinem Beruf nach, um möglichst viel Geld und Ansehen zu erlangen. Diese Form der Selbsttäuschung, Selbstunterdrückung und des Selbstbetruges führt zu gravierenden Lebensereignissen (Erschöpfung, Burn-out, Krankheit, Unfall), die einen dann zum Nachdenken zwingen.

Und das könnte dann so aussehen:

- Warum ist mir denn dieses Ereignis, diese Krankheit oder dieser Unfall passiert?
- Was macht für mich Sinn im Leben?
- Was wollte ich schon immer gern tun, aber habe mich nie getraut?
- Was würde mir denn mehr Sinnhaftigkeit geben?

Auf der Spur der eigenen Sinnhaftigkeit: Alle Wünsche, Träume, Anregungen von Freunden, Kollegen, Mitteilungen der inneren Stimme, immer wieder gleiche Hinweise durch Begegnungen bitte aufzeichnen und sich bewusst machen.

Als Ergebnis aus diesen Fragen sollte eine Rückbesinnung zu sich selbst erfolgen. Etwas tun, was für die jeweilige Person Sinn macht und nicht, weil irgendjemand das von ihr möchte. Sinnhaftigkeit im eigenen Tun bringt uns nachhaltiges Wohlbefinden, Wohlsein und Wohlfühlen. Nur was im Einklang mit der Sinnhaftigkeit meines Lebens und meinem tiefen inneren Spüren steht, schenkt meinem Leben Sinn. Dies sind die Voraussetzungen für einen erfolgreichen Lebensweg. Wenn ich innerlich ganz frei bin und mich zurückbesonnen habe auf mich und meinen eigentlichen Wesenskern, kann auch jeder Lebenserfolg für mich eintreten. Es gilt danach das Motto: Erfolg ist das, was folgt, wenn ich meinen eigenen Weg gehe. Damit Reichtum, Wohlstand, Glück und Fülle eintreten können, müssen wir zuerst die innere Fülle erreichen, indem wir »einmal« unsere innere Wohnung der Vergangenheit »renovieren«.

Und als kleine Inspiration zum Schluss ein weiteres schönes Zitat:

»Tu erst das Notwendige,
dann das Mögliche,
und plötzlich
schaffst du das Unmögliche.«

Franz von Assisi

In diesem tieferen »Sinn« bedanke ich mich für Ihre Offenheit, die Dinge einmal aus einer anderen Perspektive zu betrachten. Diese Neutralisierungsarbeit ist die Quintessenz aus vielen Coachings und soll Sie auf Ihrem Weg Ihrer persönlichen Entwicklung unterstützen.

Erst wenn wir frei von fremdenergetischen, unerklärlichen Belastungen sowie von Lasten und Mustern früherer Generationen sind, hören wir frei die Stimme unseres Herzens und unserer Intuition. Und wenn wir ihr dann – im Einklang mit der Liebe zu uns selbst – folgen, führt sie uns auch in unsere wahre und sinnhafte Berufung.

Wer sich selbst liebt, kann auch andere lieben. Wer sich selbst Liebe gibt, kann auch Liebe von anderen empfangen.

Mögen Selbstliebe, Sinnhaftigkeit und Ausgleich in der Natur Ihre Begleiter sein – auf einem Weg hin zu Ihren wahren Zielen.

Herzliche Grüße!
Ihr

Claus Walter

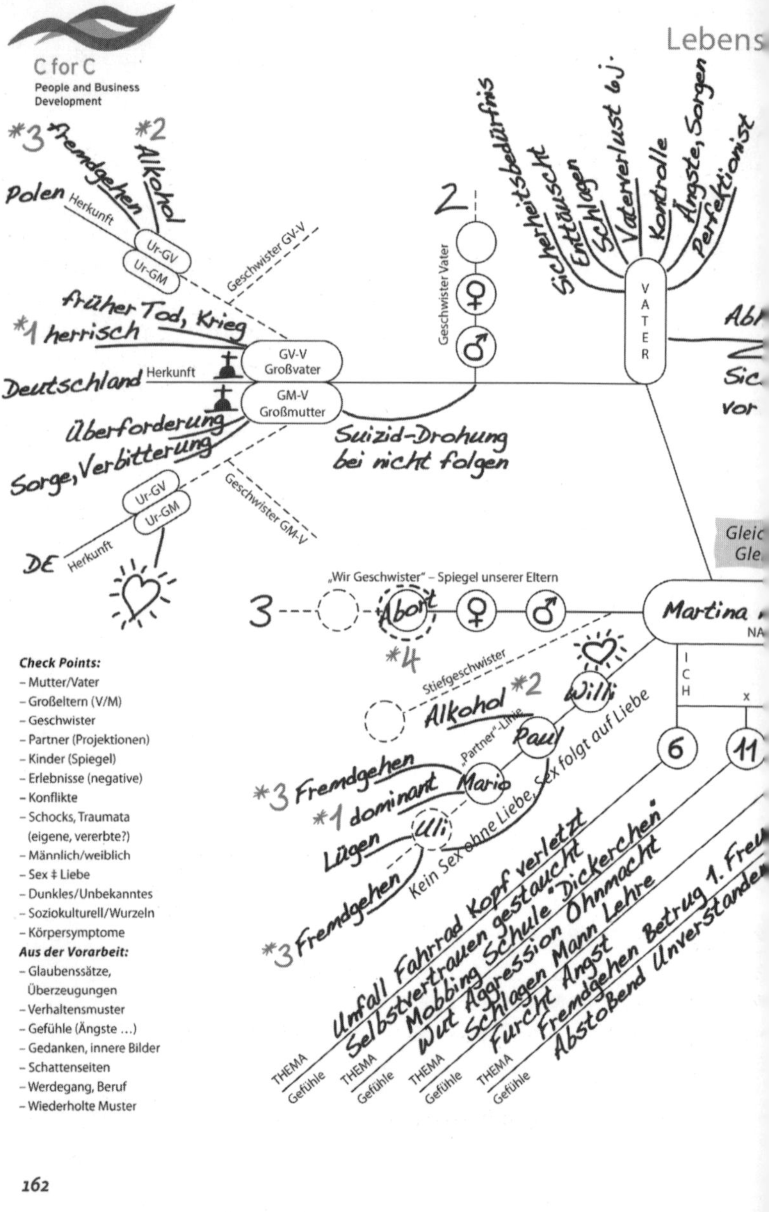
C for C
People and Business Development
Lebens
*3 Fremdgehen
*2 Alkohol
Polen Herkunft
Ur-GV
Ur-GM
Geschwister GV-V
früher Tod, Krieg
*1 herrisch
Deutschland Herkunft
GV-V Großvater
GM-V Großmutter
Überforderung
Sorge, Verbitterung
Suizid-Drohung bei nicht folgen
Geschwister GM-V
Ur-GV
Ur-GM
DE Herkunft
2
Geschwister Vater
Sicherheitsbedürfnis
Sicherheitssucht
Enttäuscht
Schlagen
Vaterverlust 6 J.
Kontrolle
Ängste, Sorgen
Perfektionist
VATER
Abh
Sic
vor
Glei
Gle
„Wir Geschwister" – Spiegel unserer Eltern
3
Abort
*4
Martina
NA
ICH
x
Stiefgeschwister
Alkohol *2
Willi
Paul
„Partner"-Linie
Sex folgt auf Liebe
*3 Fremdgehen
Mario
*1 dominant
Lügen
Uli
Kein Sex ohne Liebe
*3 Fremdgehen
6
11
Unfall Fahrrad Kopf verletzt
Selbstvertrauen gestaucht
Mobbing Schule "Dickerchen"
Wut Aggression Ohnmacht
Schlagen Mann Lehre
Furcht Angst
Fremdgehen Betrug 1. Freu
Abstoßend Unverstanden
THEMA
Gefühle
THEMA
Gefühle
THEMA
Gefühle
THEMA
Gefühle
Check Points:
– Mutter/Vater
– Großeltern (V/M)
– Geschwister
– Partner (Projektionen)
– Kinder (Spiegel)
– Erlebnisse (negative)
– Konflikte
– Schocks, Traumata (eigene, vererbte?)
– Männlich/weiblich
– Sex ‡ Liebe
– Dunkles/Unbekanntes
– Soziokulturell/Wurzeln
– Körpersymptome
Aus der Vorarbeit:
– Glaubenssätze, Überzeugungen
– Verhaltensmuster
– Gefühle (Ängste …)
– Gedanken, innere Bilder
– Schattenseiten
– Werdegang, Beruf
– Wiederholte Muster

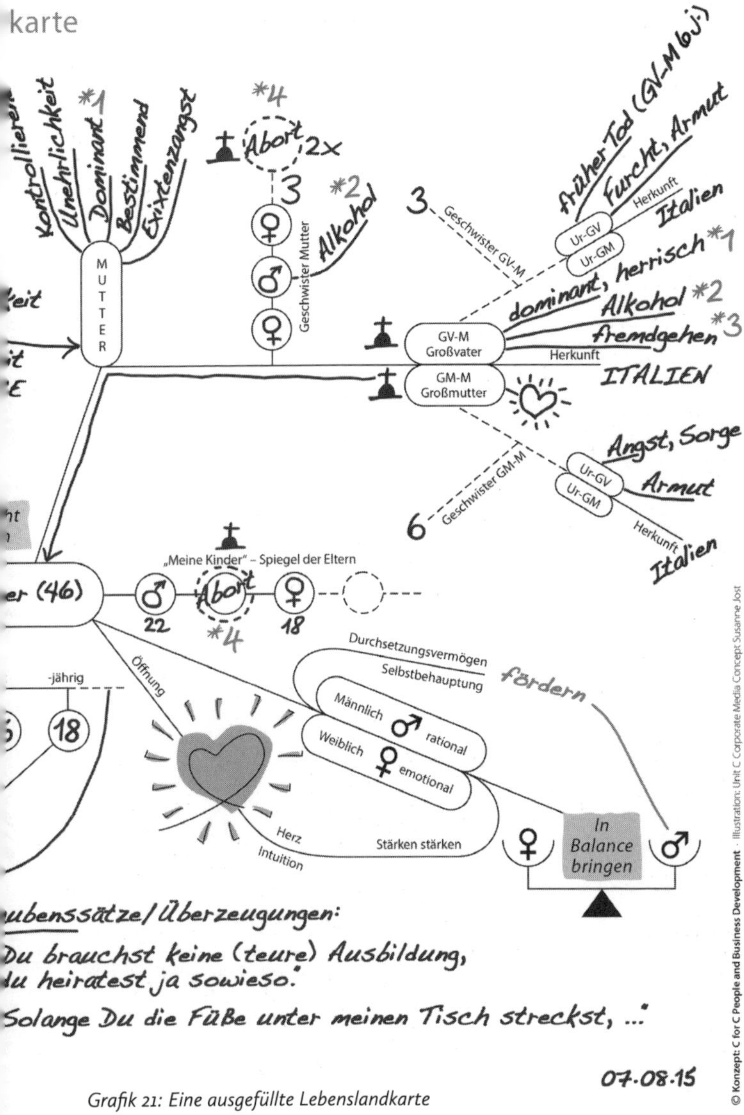

Grafik 21: Eine ausgefüllte Lebenslandkarte

Dankesgruß am Schluss

Ein Buch entsteht nie von sich alleine,
es halfen oft viele Arme und Beine.
Auch viele Erkenntnisse, Schmerz und Pein
mussten erst zuvor erlebet sein.
Auch halfen viele Helfer von da oben mit,
fürs Zusammenfügen Schritt für Schritt
mit vieler Herzen Kraft
wurd' dieses Buch nun zur Freude aller gemacht.

Von ganzem Herzen bedanke ich mich für die Unterstützung bei der Erstellung dieses Buches bei Susanne Jost (Kommunikation, Grafiken), Dorit Schmidt-Purrmann (Wort-Resonanz), Peggy Rockteschel (Form- und Impulsgeberin, Geschichtenschreiberin), Roland R. Ropers, Anton Styger (www.antonstyger.ch), Kurt Meier (www.reinklang.ch), Christoph Härpfer und Monika Bauer-Fey (www.dielichttrainer.de; Rezensionen und fachliche Begutachtungen), Karin Schrag (www.herzraum.biz; Glaubenssätze zu Geld und Schulden), Raphael Mankau und dem redaktionellen Team vom Mankau Verlag sowie allen meinen Kunden aus Coachings und Seminarteilnehmern.

JCL

Für Unterstützung und weitere Hilfe können Sie sich gern an www.cforc.biz oder www.herzresonanzcoaching.com wenden.

Anmerkungen

1 Dr. med. Christiane Northrup, »Frauenkörper – Frauenweisheit. Wie Frauen ihre ursprüngliche Fähigkeit zur Heilung wiederentdecken können«, Kapitel »Unsere Mütter: unsere Zellen«, ZS Verlag 2017, S. 792

2 In seinem Taschenbuch »Gebete für die Seele. Anrufungen, Gebete, Ablösungs- und Befreiungsrituale« befinden sich Ablösungsrituale für alle Arten von fremdenergetischen Belastungen (S. 33, Kapitel 3. Ablösung von irdisch gebundenen Seelen, S. 46–49, Kapitel 5.1., 5.2. Befreien von Astralenergie, Ablösegebet für Astralenergien, S. 158–160, Kapitel 21. Dämonische Belastungen, S. 162, Kapitel 22. Außerirdische Energien und Implantate).
Seine Bücher sind im Eigenverlag erschienen und auf seiner Internetseite www.styger-verlag.ch zu finden.
Zwei der wichtigsten Ablöserituale für erdgebundene Seelen und Astralwesen sind dort als Download hinterlegt.

3 Zu finden in Anton Stygers Buch »Gebete für die Seele«, Kap. 18.1 Gebet zur Auflösung von Leiden und Schmerzen, S. 138.

4 Die Lichtmeditation ist erhältlich zum Anhören auf Audio-CD (im Anton Stygers Eigenverlag) oder auch auf Youtube.

5 Im Netz zu finden unter www.reinklang.ch

6 Ebenda

7 Empfehlenswert ist etwa die Arbeit von Dietrich Gref (www.zukunftsgestaltung.com), Monika Bauer-Fey und Christoph Härpfer (www.dielichttrainer.de) oder eine ins Herz-Resonanz-Coaching integrierte Energieflussarbeit mit Ablösungen (www.herzresonanzcoaching.com oder www.cforc.biz).

8 Dr. med. Lothar Hollerbach, »Der Quanten-Code. Heilung und Selbstheilung durch die Ur-Energie«, Allegria Verlag 2012, S. 142

9 Im Netz zu finden unter www.lichttrainer.de

10 David Servan-Schreiber, »Die Neue Medizin der Emotionen«, Goldmann Verlag 2006, S. 36

11 Siehe Duden 7, Herkunftswörterbuch

Literatur

Anton Styger, Gebete für die Seele,
Anton Styger Eigenverlag, ISBN 978-3-9523755-7-0

Dr. med. Lothar Hollerbach, Der Quanten-Code,
Allegria Taschenbuch, ISBN 978-3-548-74561-9

Duden Nr. 7, Das Herkunftswörterbuch, 5. Auflage,
Dudenverlag, Berlin, ISBN 978-3-411-04075-9

Kurt Meier, UNCHURCH NOW,
Reinklang Verlag, ISBN 978-3-9524549-0-9

WWW

Internetportal zu Fremdenergien

Weitere Informationen zum Thema
bietet auch die Plattform zum Buch unter:
www.fremdenergien.info

Claus Walter

HERZ-RESONANZ-COACHING

Wie Sie belastende Muster für immer loswerden und endlich wieder Freude im Leben finden

Mit einem Vorwort von Dr. Alex Loyd (»Healing Code«)

⁂ Mit beiliegender Lebenslandkarte im A2-Format ⁂

Herz-Resonanz-Coaching – der nachhaltige Weg in ein glücklicheres Leben

Das Herz ist unser wichtigstes Organ und Sitz aller Gefühle. Mit jedem Schlag erzeugt es Impulse, die ein elektromagnetisches Feld um den Menschen bilden: das Herz-Resonanz-Feld, von führenden Naturwissenschaftlern dargestellt und nachgewiesen.

Unser Herz-Resonanz-Feld zieht Positives wie Negatives an und strahlt beides auch aus. Im positiven Fall – bei einem intakten Wesenskern – ist dies ein wunderbarer Vorgang, der sich selbst verstärkt. Wenn jedoch Ihr Innerstes mit Ängsten, negativen Gefühlen, Schockerlebnissen oder unverarbeiteten Themen belastet ist, multipliziert sich das Negative und kann zu Erschöpfung, Depressionen und Burnout führen. Oft finden sich hier wiederkehrende Muster, die ihren Ursprung in früheren Generationen haben und ungelöst an verschiedene, nachfolgende Personen weitergegeben wurden. So fühlen Sie sich wie gefangen in einer Abwärtsspirale.

Claus Walter entwickelte über mehrere Jahre hinweg eine eigene hocheffektive Methode, das Herz systematisch von allem zu befreien, was den Menschen bedrückt und an einem glücklichen Leben hindert: das Herz-Resonanz-Coaching. Lernen Sie in einfachen Aufgaben,

- Altes bzw. Belastendes endgültig loszulassen,
- Ursachen für Blockaden zu erkennen und zu neutralisieren,
- Erschöpfungszustände zu überwinden oder ihnen wirksam vorzubeugen,
- Ihre Vitalität, Lebensqualität und -freude nachhaltig zu steigern.

Nutzen Sie die Chance, in allen Lebensbereichen der Mensch zu werden, der Sie wirklich sind und sein wollen!

Das Erfolgsprogramm bei Erschöpfung, Depression und Lebenskrisen

---

Mankau Verlag, Klappenbroschur 16 x 22 cm, durchgehend farbig,
223 Seiten, 18,90 Euro (D)|19,50 Euro (A), ISBN 978-3-86374-305-5

Grafikübersicht

Stichwortregister

Dr. med. Daniel Dufour

DAS VERLASSENE KIND

Gefühlsverletzungen aus der Kindheit erkennen und heilen

ISBN 978-3-86374-047-4

„Es ist ein wichtiges Buch für Betroffene und Therapeuten, weil es wie kein zweites den betroffenen Menschen zum allein Verantwortlichen erklärt und nicht den allwissenden Therapeuten und die Diagnose in den Mittelpunkt stellt." Connection Special

„Viele Leser werden sich in den zahlreichen anschaulichen Fallbeispielen Dufours wiederfinden und ihre eigene Lebensgeschichte mit anderen Augen betrachten." Newsage

Anna Elisabeth Röcker

MEDITATION FÜR ALLE

Vier-Schritte-Programm zur Meditation und Achtsamkeitsübungen für jeden Tag. Mit Audio-CD

ISBN 978-3-86374-230-0

„(...) Im Vorwort schreibt Anna Elisabeth Röcker, ihr sei während ihrer langjährigen Tätigkeit als Therapeutin klar geworden, wie wichtig es sei, so vielen Menschen wie möglich den Zugang zur Meditation zu vermitteln. Das tut sie auf gut strukturierte Weise. Das Praxisbuch unterscheidet zwei Bereiche: den Alltag als Übungsfeld zur Meditation und die tägliche Meditationspraxis nach bestimmten Regeln. Dazu liefert sie eine einfache Anleitung in vier Schritten, die sich gut zum Einsteigen eignet. (...)" Yoga!

Doris Kirch

ANTI-STRESS-BOX (5 AUDIO-CDS)

Entspannen und meditieren.
Anleitungen und Übungen für jede Lebenslage

ISBN 978-3-938396-40-7

„Gut nachvollziehbare Anleitungen und die angenehme Stimme von Doris Kirch machen dem Stress schnell den Garaus." Hannoversche Allgemeine Zeitung

„Auftanken, entspannen, zur Ruhe kommen, Sand unter den Füßen spüren ... Urlaubsgefühl. Das kann man jeden Tag genießen: mit den Meditationen von Doris Kirch (...) – locker bleiben kann gelernt werden." praxis+recht